"十三五"江苏省高等学校重点教材（编号：2017-2-167）

高等职业教育机械类专业系列教材

典型汽车冲压模设计

主　编　赵　威　邓卫国
参　编　承　善　黄文波
主　审　段来根

机械工业出版社

本书从汽车零部件应用出发，以企业生产的典型汽车零件为载体，按项目教学模式编写，深入浅出地讲解了典型汽车零件的模具设计过程。全书由四个项目组成：项目一为汽车电动机转子冲片冲裁级进模设计，项目二为汽车电动机支架弯曲级进模设计，项目三为汽车电动机壳体拉深级进模设计，项目四为汽车覆盖件前翼子板冲模设计。

本书结构新颖，按照项目任务模式组织内容，打破了传统的学科知识体系。本书可作为高等职业院校及成人院校模具设计与制造专业的教学用书，也可供从事汽车零件冲压模设计和制造的工程技术人员参考。

本书配套电子课件，凡选用本书作为教材的教师可登录机械工业出版社教育服务网（www.cmpedu.com），注册后免费下载。咨询电话：010-88379375。

图书在版编目（CIP）数据

典型汽车冲压模设计／赵威，邓卫国主编．—北京：机械工业出版社，2022.5

高等职业教育机械类专业系列教材

ISBN 978-7-111-70505-5

Ⅰ.①典… Ⅱ.①赵… ②邓… Ⅲ.①汽车-冲模-设计-高等职业教育-教材 Ⅳ.①U463

中国版本图书馆 CIP 数据核字（2022）第 058017 号

机械工业出版社（北京市百万庄大街22号　邮政编码100037）
策划编辑：于奇慧　　　　责任编辑：于奇慧
责任校对：樊钟英　李　婷　封面设计：马精明
责任印制：刘　媛
北京盛通商印快线网络科技有限公司印刷
2022年10月第1版第1次印刷
184mm×260mm・9.5印张・232千字
标准书号：ISBN 978-7-111-70505-5
定价：30.00元

电话服务　　　　　　　　　　网络服务
客服电话：010-88361066　　　机　工　官　网：www.cmpbook.com
　　　　　010-88379833　　　机　工　官　博：weibo.com/cmp1952
　　　　　010-68326294　　　金　书　网：www.golden-book.com
封底无防伪标均为盗版　　　　机工教育服务网：www.cmpedu.com

前　言

汽车车身和结构零件是汽车的重要组成部分，对汽车整体性能有着重要的影响，同时和汽车的制造成本密切相关。为适应汽车工业的发展，培养汽车制造的高技能人才，常州机电职业技术学院与常州工利精机科技有限公司、常州市展翔精密模具厂、常州天元国泰精密模具冲压有限公司等企业合作，共同按项目教学模式编写了本书。本书为教改课题研究成果，具体论述汽车覆盖件和汽车结构零件的级进模设计，以"理论够用、重点实用、联系实际、服务制造"为原则，突出应用能力和综合素质的培养，反映高职高专特色，为学生从事汽车零件冲压模具设计与制造奠定良好的基础。

本书以典型汽车零件为载体，讲述典型汽车零件的模具设计过程。主要由汽车电动机转子冲片冲裁级进模设计、汽车电动机支架弯曲级进模设计、汽车电动机壳体拉深级进模设计和汽车覆盖件前翼子板冲模设计四个项目组成。每个项目都提出了明确的教学目标和工作任务。学生在学习了相关理论知识后，通过完成工作任务达到理论与实践相结合的目的，再辅以思考与练习来完善知识体系。

本书由赵威、邓卫国担任主编，段来根担任主审。本书编写分工为：项目一由赵威编写；项目二由邓卫国和赵威共同编写；项目三由邓卫国和常州工利精机科技有限公司黄文波共同编写；项目四由承善编写。全书由赵威和邓卫国统稿。

在课题研究和本书编写过程中，得到了课题组其他成员陆建军、陈叶娣、钱子龙、王春艳、崔柏伟等同志的大力支持和帮助，在此一并表示衷心感谢！

由于编者水平有限，书中难免有不妥之处，恳请读者批评指正。

编　者

目 录

前言

项目一　汽车电动机转子冲片冲裁级进模设计 …… 1

任务一　转子冲片冲压工艺分析与总体冲压方案的确定 …… 2
　一、相关理论知识 …… 2
　二、相关实践知识 …… 7
任务二　转子冲片级进冲裁排样图设计 …… 8
　一、相关理论知识 …… 8
　二、相关实践知识 …… 19
任务三　转子冲片级进冲裁工艺计算和冲压设备选择 …… 20
　一、相关理论知识 …… 20
　二、相关实践知识 …… 21
任务四　转子冲片冲裁级进模总体结构设计 …… 24
　一、相关理论知识 …… 25
　二、相关实践知识 …… 33
任务五　转子冲片冲裁级进模零部件设计 …… 38
　一、相关理论知识 …… 38
　二、相关实践知识 …… 49
思考题一 …… 53

项目二　汽车电动机支架弯曲级进模设计 …… 55

任务一　支架冲压工艺分析与总体冲压方案的确定 …… 56
　一、相关理论知识 …… 56
　二、相关实践知识 …… 61
任务二　支架级进弯曲排样图设计 …… 61
　一、相关理论知识 …… 62
　二、相关实践知识 …… 64
任务三　支架级进弯曲工艺计算和冲压设备选择 …… 65
　一、相关理论知识 …… 66
　二、相关实践知识 …… 71
任务四　支架弯曲级进模总体结构设计 …… 72
　一、相关理论知识 …… 72
　二、相关实践知识 …… 73
任务五　支架弯曲级进模零部件设计 …… 74
　一、相关理论知识 …… 74
　二、相关实践知识 …… 79
思考题二 …… 82

项目三　汽车电动机壳体拉深级进模设计 …… 83

任务一　壳体冲压工艺分析与总体冲压方案的确定 …… 83
　一、相关理论知识 …… 84
　二、相关实践知识 …… 85
任务二　壳体级进拉深排样图设计 …… 85
　一、相关理论知识 …… 86
　二、相关实践知识 …… 87
任务三　壳体级进拉深工艺计算和冲压设备选择 …… 88
　一、相关理论知识 …… 89
　二、相关实践知识 …… 92
任务四　壳体拉深级进模总体结构设计 …… 93

一、相关理论知识 …………………… 94
　　二、相关实践知识 …………………… 99
任务五　壳体拉深级进模零部件设计 …… 101
　　一、相关理论知识 …………………… 101
　　二、相关实践知识 …………………… 107
思考题三 …………………………………… 110

项目四　汽车覆盖件前翼子板冲模设计 ………………………………… 111

任务一　汽车覆盖件前翼子板冲压成形特点和要求 ………………… 111
　　一、相关理论知识 …………………… 112
　　二、相关实践知识 …………………… 114
任务二　汽车覆盖件前翼子板冲压成形工艺设计和冲压设备选择 ……… 116
　　一、相关理论知识 …………………… 116

　　二、相关实践知识 …………………… 121
任务三　汽车覆盖件前翼子板拉深模设计 ………………………………… 126
　　一、相关理论知识 …………………… 126
　　二、相关实践知识 …………………… 130
任务四　汽车覆盖件前翼子板修边模设计 ………………………………… 132
　　一、相关理论知识 …………………… 132
　　二、相关实践知识 …………………… 135
任务五　汽车覆盖件前翼子板翻边模设计 ………………………………… 137
　　一、相关理论知识 …………………… 137
　　二、相关实践知识 …………………… 142

参考文献 ………………………………… 146

项目一　汽车电动机转子冲片冲裁级进模设计

【教学目标】

1. 能对制件进行工艺分析，并确定合理的冲压方案。
2. 能设计合理的排样方案并绘制排样图。
3. 能进行合理的冲裁级进模总体结构设计。
4. 能正确进行冲压工艺计算。
5. 能合理地设计级进模零部件。
6. 能绘制模具的总装图和非标准零件图。

【工作任务】

根据图 1-1 所示为某汽车空调用电动机转子冲片产品图。完成下列任务：

1. 确定合理的冲裁级进模总体方案。
2. 设计合理的排样图。
3. 绘制冲裁级进模总装图和主要零件图。

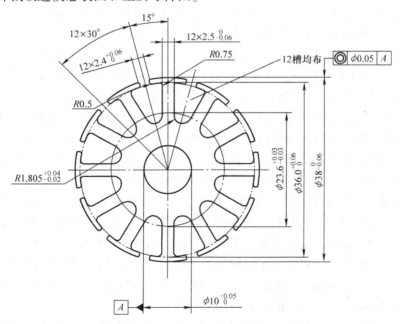

图 1-1　汽车空调用电动机转子冲片产品图

任务一　转子冲片冲压工艺分析与总体冲压方案的确定

【教学目标】

1. 掌握制品冲压工艺性分析的一般方法。
2. 掌握冲压工艺方案确定的一般方法。

【工作任务】

根据电动机转子冲片产品图（图1-1），分析该冲压件的结构特点和技术要求，并进行冲压工艺性分析，确定合理的冲压工艺方案。

一、相关理论知识

1. 级进模的概念及特点

级进模是一种具有多个工位的冲模。它是在一副模具内按所需加工的冲压件的冲压工序，分成若干个等距离工位，在每个工位上设置一定的冲压工序，完成冲压件的某部分冲压工作。被加工材料（条料或带料）在自动送料机构的控制下，通过精确地控制送料步距，经逐个工位的冲压后，便能得到所需要的冲压件。级进模又称连续模、跳步模等。

常见的冲压工序有冲孔（圆孔和异形孔、窄缝、窄槽等）、弯曲（一次弯曲和多次弯曲）、拉深、再拉深、整形、成形、落料等。对于不同的冲压件，所需的冲压工序性质和工位数也不相同，内容非常丰富，甚至还可以在模具中完成铆接、装配等工作。

级进模是一种实现连续冲压的先进模具，结构复杂、加工精度高，是技术密集型模具的代表，是冲模发展的方向之一。级进模应用范围广泛，可用于冲压电机铁心、空调器翅片、集成电路引线框架、电子连接器、显像管电子枪零件、家电零件等，特别是近年来，汽车零件精密级进模在我国模具行业发展比较快。级进模的主要特点如下。

（1）高效率　一般地说，一个比较复杂的冲压件只需用一副级进模就可冲制完成。有的级进模工位高达50个。若级进模配有自动送料装置、检测装置和自动出件装置，可在高速压力机上进行自动化生产，则效率更高，操作更方便、更安全，适应大批量生产。自动送料精度高，送料步距能精确调整，目前生产中常用夹持式、滚动式、有离合器的辊式、凸轮辊式、摆动辊式等送料装置，送料误差可控制在 $\pm(0.03 \sim 0.05)$ mm。与之相适应的压力机也应具有高精度和高速度。目前对于小尺寸零件，其冲压次数可达 $700 \sim 800$ 次/min，纯冲裁时高达 $1200 \sim 1500$ 次/min，弯曲加工时也可达 $500 \sim 600$ 次/min。

（2）结构复杂，精度要求高　在级进模中，通常凸模都很细小，因此，需要有精确的导向和保护。常将卸料板上与凸模相配的孔做得很精确，其尺寸及相互位置也做得准确无误。要求凸模平稳、精确，就需要卸料板对凸模起导向和保护作用，而卸料板也大多采用带滚珠式导柱导向。模具的主要零件采用镶拼式结构且具有互换性，使模具维修方便，更换迅速、可靠。模具主要零件的几何精度为 $\pm(0.002 \sim 0.005)$ mm，尺寸精度一般为 0.005mm，高的可达 0.0025mm，冲压件质量可靠，稳定性好。

（3）模具寿命长　级进模的主要工作零件采用合金工具钢或硬质合金制造，模具寿命可达1亿次以上,最高可达3亿次。在工位安排时,可以增加空位,以提高模具强度。另外,模具工作零件多采用镶拼结构,使维修、更换更方便。

2. 级进模的适用条件

1)主要用于薄料(厚度 $t = 0.1 \sim 1.2 \mathrm{mm}$)、形状复杂、精度高的中小型冲压件的大批量生产。

2)批量不大、尺寸很小、操作不安全、毛坯不好定位的冲压件的生产。

3)复合模难以冲制的冲压件,如集成电路引线框、电表铁心、微型电动机定子及转子冲片等。在工件壁厚较小,复合模强度不能满足寿命要求的情况下,也会采用级进模,其效率要远远高于复合模。图1-2所示为14脚IC引线框的级进冲压示意图。

以下情况不适合采用级进冲裁:

1)冲压件(制件)的料厚不能太厚。用于级进冲裁的料厚应小于3mm,料厚为2mm以下最为常见。

2)制件的外形不能太大。级进冲裁的外形尺寸一般在250mm以下,制件尺寸较大时,模具外形尺寸较大,没有足够大的压力机可以安装使用。

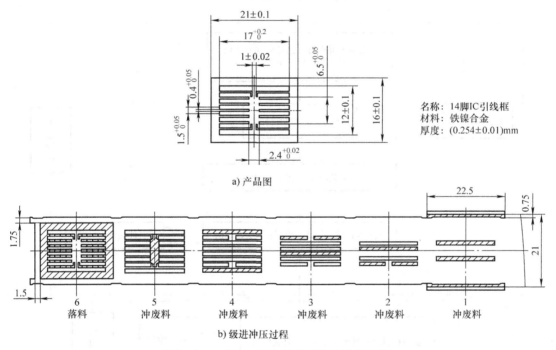

图1-2 14脚IC引线框的级进冲压示意图

3. 级进模设计与制造的特点及要求

有的级进模有十几个,甚至几十个工位,模具零件多、结构复杂、精度要求高、制造技术要求高、设计制造及维护调试难度大,同时还受到冲压设备、冲压材料等的限制,而且在设计和制造方面对经验依赖性强。

(1)模具企业需具备设计、制造及维护的技术能力 比如,级进模中的细小凸模较多,容易弯曲变形和折断,需要及时更换;刃口磨损变钝了之后,需要刃磨或更换凸模、凹模镶件,并使冲裁间隙仍保证在合理间隙范围内,需要维修人员具有较高的专业基础和实践技能。

（2）拥有满足级进模生产要求的冲压设备　和普通冲模相比，级进模冲压速度高、模具外形较大，所以在选用冲压设备方面，需要选择精度更高，刚度更好，功率、冲次和台面尺寸更大一些的。

（3）需要提供性能稳定、质量高的冲压材料　级进模对冲压材料的质量等级和供应状态要求也较为严格。如材料的牌号、力学性能，每批料都应一致，符合该材料所规定的技术条件，如硬度应符合使用要求，料的厚薄和宽度尺寸应在规定公差范围内，表面状态良好，条料厚度公差要小。自动送料的原料一般需成卷供应。

4. 级进模的设计步骤

级进模的设计步骤与普通冲压模具大致相同，只是具体设计要求有所差别。模具一般设计步骤如图1-3所示。

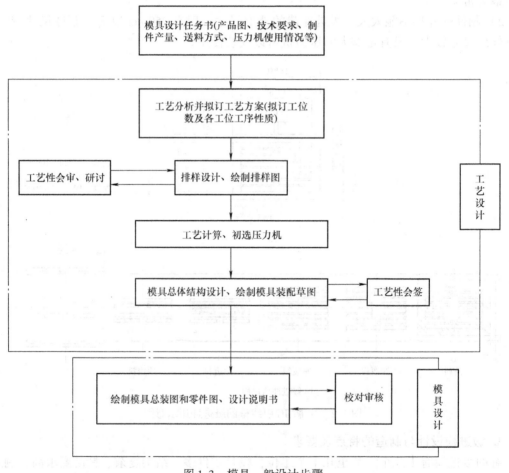

图1-3　模具一般设计步骤

（1）工艺分析及拟订总体冲压方案　根据设计任务书（产品图、批量、技术要求、送料方式、使用的压力机及其他规范和要求），首先对产品和行工艺性分析（包括材料、结构、精度等），特别是对难点地方进行重点分析，提出解决方案，如需修改，要及时与客户进行沟通。在分析的基础上，进而拟订产品的总体冲压工艺方案，包括排样、冲裁或成形的先后分解、变形程度的合理分配、工位数的安排及模具制造能力评估等。通过上述分析，大体上对模具的结构要求有一个大致的初步安排，也为后面的排样图和模具设计提供了依据。

（2）排样设计及绘制排样图　级进模的排样是指制件（一个或多个）在条料上分工位连续冲压的布置方法。排样设计是级进模设计的核心内容，也是级进模设计时的重要依据。排样设计的优劣将直接关系材料的利用率、制件的尺寸精度、生产率、模具结构与制造复杂程度、模具使用寿命等。

（3）进行工艺计算　级进模工艺计算的内容与普通冲压模具基本相同，主要计算内容包括刃口尺寸计算、冲压力与压力中心计算、凸模强度和刚度校核、弹性元件设计和选用等。

（4）模具总体结构设计及绘制模具装配草图　以排样图为基础，根据冲压件的要求，确定模具各个零部件的结构型式，如模架类型、卸料机构、送料和定距方式、工作零件结构及固定方法，以及压力机的类型及与模具的连接等。

（5）模具零部件详细设计　确定各零部件的具体结构型式、尺寸、精度、选用的材料及热处理、加工的技术要求等。

（6）绘制模具总装图和零件图　级进模视图表达方式与普通冲压模具基本相同，在此不再赘述。

（7）校核　模具图样设计完成后，总装图和零件图都要编号，并必须进行校核。校核是为了减少差错，提高设计的质量。经设计、校核后的图样，用于生产前应有设计、审核等人员的签名。

5. 冲压工艺方案设计

冲压工艺设计包括冲压工艺性分析和工艺方案确定两个方面。

冲压工艺性分析一般从材料、结构和精度等方面分析，特别是对成形的难点进行重点分析，并提出解决方案，为排样方案设计做准备工作。

（1）冲裁件的结构工艺性

1）冲裁件的形状及大小。冲裁件的料厚不能太厚。用于级进冲裁的料厚宜在2mm以内，制件外形最大尺寸在300mm以内，外形应尽量简单对称。

2）冲裁件内形及外形的转角。外形尽量避免尖角。

3）冲裁件上凸出的悬臂和凹槽。尽量避免过长、过窄的悬臂及过深的凹槽。

4）冲裁件的孔边距与孔间距。孔边距及孔间距不能太小。

5）冲孔时，因受凸模强度的限制，孔径不应太小，否则凸模易折断或压弯。

冲裁件的结构工艺性分析见表1-1。

表1-1　冲裁件的结构工艺性分析

结构特征	满足条件	图例
外形尽量避免尖角	圆角半径为材料厚度的0.5倍，一般$R \geq 0.2$mm	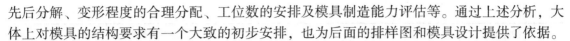

(续)

结构特征	满足条件	图例
避免过长、过窄悬臂及过深凹槽	一般情况下，宽度 $B \geq 1.5t$；深度 $L \leq 5B$	
孔边距和孔间距不能过小	孔边缘与冲裁件外形边缘不平行时，边距 $a \geq t$ 孔边缘与冲裁件外形边缘平行时，边距 $a \geq 1.5t$	
孔径不能太小	材料	凸模无导向时的最小孔径 / 凸模精密导向时的最小孔径（见下表）

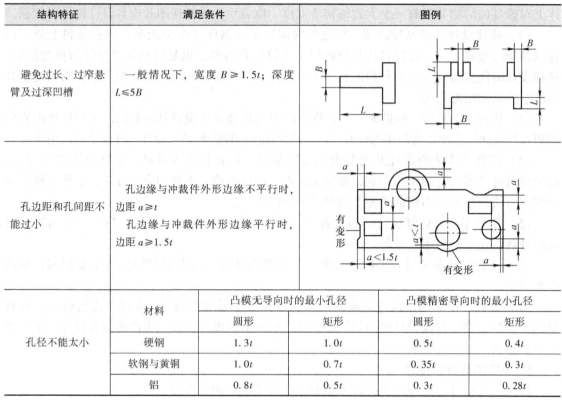

材料	凸模无导向时的最小孔径		凸模精密导向时的最小孔径	
	圆形	矩形	圆形	矩形
硬钢	$1.3t$	$1.0t$	$0.5t$	$0.4t$
软钢与黄铜	$1.0t$	$0.7t$	$0.35t$	$0.3t$
铝	$0.8t$	$0.5t$	$0.3t$	$0.28t$

注：t 为材料厚度。

由于级进模可以分步冲裁复杂的型孔，不存在复合模的最小壁厚问题，所以在冲裁工艺的可行性要求方面，使用级进模比使用单工序模反而更宽松一些。往往采用单工序模冲裁有困难，采用级进模冲裁却没有问题。因此，级进冲裁的工艺性，在参考普通冲裁件的工艺性基础上，可以放宽要求。

（2）级进模常见冲压材料

1）普通碳素钢（Q235，Q195）：具有一定的塑性、强度和韧性，广泛应用于电机、电器、仪表、汽车中的结构件。

2）优质碳素结构钢（08、08Al、10，15，20，40Mn 和 65Mn 等）：含碳量低，塑性和韧性很好，08、08Al、10 钢称为"深拉深钢"，广泛用于拉深件以及冲压汽车车身、驾驶室、灯罩、发动机罩盖罩件、管壳件、搪瓷件等。65Mn 制造弹性好的簧片类制品。

3）电工用纯铁（DT1、DT1A、DT2、DT3）：为软磁材料，用于制造电信、电工仪表中软磁性导磁件，如继电器中的衔铁、耳机中的极靴等。数字表示顺序号，末位字母表示等级，A 为优级，E 为特优级。

4）冷轧电工钢：用于制造变压器铁心、电动机定子和转子。

5）不锈钢（12Cr18Ni9、06Cr18Ni11Ti、12Cr13、20Cr13、06Cr19Ni10）：含有大量 Cr 元素，具有耐蚀性，前 2 位数字表示含碳量，Ni、Cr、Ti 后的数字表示各自含量。

6）黄铜（H62、H68）：具有良好的塑性、强度、焊接性和导电性，在有色金属中应用最广泛。H68 塑性好，可用于拉深管壳类件。

7）纯铜（T1、T2、T3）：具有良好的导电、导热、耐蚀性，塑性较好，易于加工，用于仪器仪表和电子产品中的导电零件、电气开关、垫圈和垫片等。T1 纯度最高，含铜量大于 99.95%（质量分数），塑性最好。

8）青铜（锡青铜、铝青铜、硅青铜）和铍铜：具有良好的导热、导电、耐蚀性以及弹性和耐磨性，用来制造电气产品中的接插件、弹性件、接触片和簧片等。常用的有 QSn4-3、QSn4-4-4、QSn6.5-0.1、QSn6.5-0.4、TBe2、TBe1.7、TBe0.6-2.5。

9）铝和铝合金：铝的密度小，具有良好的导电、导热和塑性，适用于制造仪表面板、各种罩壳、支架等。级进模用得较少。

10）纯铝：如 1070A、1060、1050A、1035、1200。

11）硬铝：如 2A11（LY11）、2A12（LY12），可用于制造仪表板及机械零件。

（3）冲裁件精度　冲裁件的尺寸公差等级最好低于 IT9。模具类型与冲裁件精度见表 1-2。

表 1-2　模具类型与冲裁件精度

模具类型	模具精度	冲裁件尺寸及其偏差/mm		
		<30	30~100	>100~200
单工序模	普通	±0.15	±0.20	±0.30
	高级	±0.08	±0.12	±0.18
复合模	普通	±0.02	±0.03	±0.04
	高级	±0.015	±0.02	±0.025
级进模 （无导正销定距）	普通	±0.20	±0.30	±0.40
	高级	±0.10	±0.15	±0.25
级进模 （有导正销定距）	普通	±0.10	±0.15	±0.20
	高级	±0.05	±0.10	±0.12

二、相关实践知识

1. 制件冲压工艺性分析

制件的冲压工艺性是指制件对于冲压工艺的适应性，一般从制件的结构、精度及材料 3 个方面进行分析。如图 1-1 所示转子冲片，材料为 50W470 硅钢片，材料厚度为 0.5mm，生产批量为大批量。

工艺分析内容如下：

（1）结构分析　该转子冲片为圆形冲裁件，中间有圆孔，周围均匀分布有 12 个槽，总体来说结构较为简单、对称。但是，槽与槽之间以及槽外边缘部分尺寸较小，如果采用复合冲裁，凸、凹模强度较差，容易开裂，而且模具加工不方便，故考虑将周围的 12 个槽单独冲压成形。另外，槽的外形边缘与槽形缺口相交处为尖角，按整体式一次成形，模具较难加工。

（2）精度分析　经查"基准件标准公差数值表"可知，尺寸 $12 \times 2.5_{-0.06}^{0}$ mm 和 $12 \times 2.4_{\ 0}^{+0.06}$ mm 的公差等级为 IT11，其余标注公差的尺寸的公差等级均为 IT9，未注公差尺寸按 GB/T 1804-m，为中等等级精度。由分析可知，该转子冲片的尺寸精度要求较高。

(3) 材料分析　材料牌号为50W470，为冷轧无取向电工钢片，最大铁损为4.7W/kg，具有优良的电磁性能。50表示钢片的厚度为0.5mm。电工钢片质地较软，容易变形且冲裁断面易产生毛刺，在冲裁模间隙选择及导料、卸料装置的设计方面，都要引起重视。

2. 确定总体冲压方案

制件为落料冲孔件，可提出的加工方案如下。

方案一：先落料，后冲孔，采用两套单工序模具生产。

方案二：落料-冲孔复合冲压，采用复合模生产。

方案三：冲孔-落料连续冲压，采用级进模生产。

方案一采用的模具结构简单，但需要两道工序、两副模具，生产率低，制件精度较差，难以满足年产量的要求。

方案二只需要一副模具，制件的形状位置精度和尺寸精度易于保证，但是由于转子冲片上12个槽口与外圆连接处的结构强度比较低，模具容易发生磨损甚至崩刃，会降低模具寿命。另外，槽的外形边缘与槽形缺口相交处为尖角，按复合式冲压方式，模具工作零件较难加工，难以保证尖角。

方案三也只需一副模具，生产率也很高，级进模的优势是可以将复杂制品的冲压进行工序的分解，在每个工位上凸模和凹模可以很简单，工件零件磨损后也便于更换，可以保证大批量生产要求。

经分析，转子冲片主要包含冲中间轴孔、12个槽孔及落料工序。对于级进模，要考虑送料的定距零件，以保证制件的精度。对于较简单的级进模，一般可采用侧刃定距。

通过以上分析，确定转子冲片总体冲压方案为级进冲裁，冲压过程为经侧刃定距、冲中间轴孔、冲12个槽孔和落料等工位，将制品冲压成形。

任务二　转子冲片级进冲裁排样图设计

【教学目标】

1. 掌握级进冲裁的排样图的设计方法。
2. 掌握排样图的绘制方法。

【工作任务】

根据产品图（图1-1），确定转子冲片产品的排样方案，并绘制转子冲片的冲裁排样图。

一、相关理论知识

1. 级进冲裁的排样

级进冲裁的排样是指制件（一个或多个）在条料上分几个工位冲裁的布置方法。排样方法不同，材料的利用率、制件的尺寸精度、生产率、模具结构与制造复杂程度、模具使用寿命等都不同，所以排样设计作为级进冲裁设计的重要步骤，是级进模设计时的重要依据。

当排样图设计完成后，也就确定了以下内容：

1) 制件各个部位的冲制顺序及各个工位的工序性质、模具的工位数。

2) 毛坯排列方式，如单排、双排、多排、直排或斜排等，这一点涉及材料的利用率或模具的复杂程度。

3) 步距的定位方式，如导正销定距、侧刃定距、侧刃和导正销联合定距或者导正销和自动送料装置联合定距等。

4) 载体的结构型式和相关尺寸等。

5) 条料的送料步距、条料的宽度及材料的利用率。

2. 级进冲裁排样方法分类

(1) 封闭型孔式排样　封闭型孔式级进模的各个工作型孔（除定距侧刃型孔外）与冲裁件上的各个孔及制件外形（弯曲件指展开外形）的形状一致，并把它们分别设置在一定的工位上，材料沿各工位经过连续冲裁，最后获得所需制件。图 1-4 所示为冲裁件及其条料排样图。从排样图可知有 3 个工位：冲侧刃缺口、冲孔和落料。

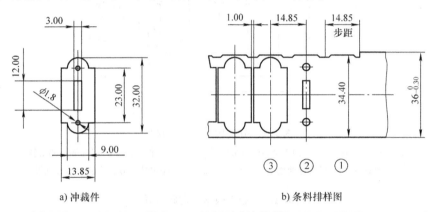

图 1-4　封闭型孔式排样

(2) 分段切除多段式排样　如图 1-5 所示，分段切除多段式级进模对冲裁件的复杂异形孔和整个外形采用分段切除多余废料的方式冲裁，即在前一工位先切除一部分废料，在以后工位再切除一部分废料，经过逐个工位的连续冲裁，就能获得一个完整的制件或半成品。对于制件上的简单型孔，模具上相应的型孔可与制件上的型孔做成一样。对于图 1-5a 所示冲裁件，采用分段切除多段式级进模时，其排样图如图 1-5b 所示，共 8 个工位。

可见，封闭型孔式排样工位少，模具结构相对简单，适用于冲压形状和结构简单、精度较低（IT10～IT14）的制件，模具一般采用侧刃定距。分段切除多段式排样工位数较多，模具较复杂，冲切轮廓分解灵活度大，易出现搭接头错位、毛刺异常等现象，适用于冲压形状和结构复杂、精度较高的制件，模具一般采用导正销定距。

3. 级进模送料方式与定距方式的选择

为了送料准确，步距定位可靠，保证级进模能正常生产，排样时必须考虑采用何种送料方式、采用何种定距方式，才能达到不同精度步距定位的要求。排样图上要体现模具的定距方式。

目前，级进模的送料方式主要有两种：人工送料和自动送料。人工送料一般用于较简单的、小批量生产、工位数较少的级进模。工位数较多、冲件生产批量大的级进模一般采用自动送料，配用的压力机一般为高速压力机。自动送料机构多配套于压力机上，也有些是安装在模具上的。级进模常见定距方式见表 1-3。

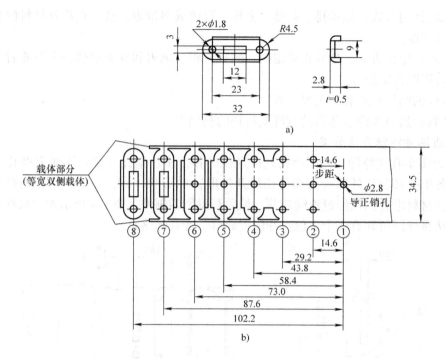

图1-5 分段切除多段式排样

①—冲导正销孔 ②—冲2个φ1.8mm圆孔 ③—空工位 ④—冲切两端局部余料
⑤—冲两工件之间的分断槽余料 ⑥—弯曲 ⑦—冲中部长方孔 ⑧—载体切断

表1-3 级进模常见定距方式

定距方式	定距原理	适应的冲压速度	应用场合
侧刃	1—条料 2—侧刃 3—侧刃挡块 4—导料板	较低	适用于料厚t=0.1~1.5mm，制件尺寸公差等级为IT11~IT14；工位数不宜太多，人工送料3~6个工位较多；材料利用率低

(续)

定距方式	定距原理	适应的冲压速度	应用场合
侧刃+导正销	1—侧面导板 2—托料钉 3—侧刃挡块 4—导正销	中等速度	大批量生产，成卷供应较薄料，精度一般能达≤10μm

4. 分段切除时各段间的连接方式

当冲裁件外缘或型孔采用切废法分段切除时，应注意各段间的连接要十分平直或圆滑，以保证制件的质量。由于级进模的工位数多，模具制造误差、步距间误差的积累，经各工位切废料后，易出现外缘或各型孔的连接处不平直、不圆滑、错牙、尖角、塌角等缺陷，这是由于排样设计不合理造成的。所以要合理设计各段间的连接关系。实际排样设计中，各段的连接方式（分段搭接形式）主要有 3 种：平接、切接和搭接（交接）。

（1）平接 平接是在冲裁件的直边上先切去一段，然后在另一工位再切去余下的一段。经两次（或多次）冲切后，形成完整的平直直边，如图 1-6 所示。这种排样可提高材料利用率，但搭接头处容易产生毛刺、错牙、不平直等问题。设计制造模具时，步距精度、凸模和凹模的制造精度都要较高。如果不是必须平接，应避免采用此连接方式。

为改善平接的连接质量，应适当提高步距精度与凸模和凹模的制造精度，以减少其累积误差。在第 1 次冲切与第 2 次冲切的两个工位上均要设置导正销，对条料导正。第 2 次冲切凸模连接处的延长部分（即直边的外侧）时，修出一个微小斜角（取 3°～5°），以减少连接处的明显缺陷。

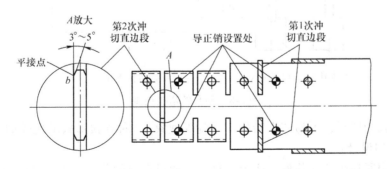

图 1-6 平接连接

（2）切接 切接与平接相似，切接是圆弧分段切废，即在前工位先冲切一部分圆弧段，在以后工位再冲切其余的圆弧部分，要求先后冲切的圆弧连接圆滑，如图 1-7 所示。为使两次冲切的圆弧段能光滑地连接，需采取与平接相同的措施，还应使切断型面的圆弧略大于先冲的圆弧。

（3）搭接（交接） 搭接是利用冲裁件展开以后，在其折线的连接处进行分断。每两段型孔连接处可有一小段搭接区，以保证型孔的连接处不留下接痕。搭接最有利于保证冲裁件的连接质量，因此在级进冲裁排样的分段切除过程中尽可能采用搭接的连接方式。将制件型孔分解为若干个型孔分别切除，如图1-8所示，搭接量一般大于$0.5t$（t为材料厚度），若不受搭接型孔尺寸限制，搭接量可达$(1\sim2.5)t$，最小不能小于$0.4t$。搭接对于保证搭接头的连接质量比较有利，应用较多。

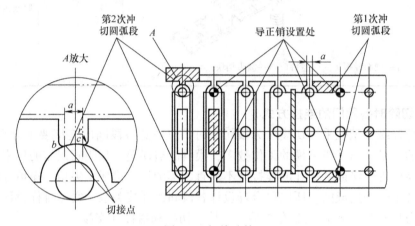

图1-7 切接连接

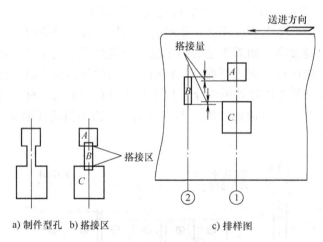

a) 制件型孔 b) 搭接区　　　　c) 排样图

图1-8 型孔的搭接连接

搭接应用较为广泛，不易产生错牙、毛刺等现象。3种连接形式的比较如图1-9所示。

5. 冲切刃口设计

实际生产中所遇到的冲裁件往往十分复杂，通过刃口的分解与重组可以简化凸模和凹模外形，便于加工，缩短周期，提高质量，降低成本等，如图1-10和图1-11所示。

6. 分段冲切的分割原则

1）刃口的分段应有利于简化模具结构，形成的凸模外形要简单、规则，要便于加工，并要有足够的强度。

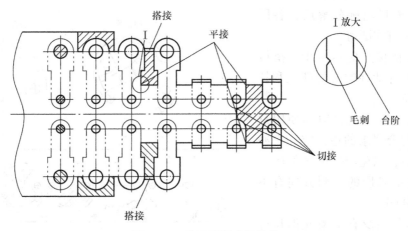

图 1-9　3 种连接形式的比较

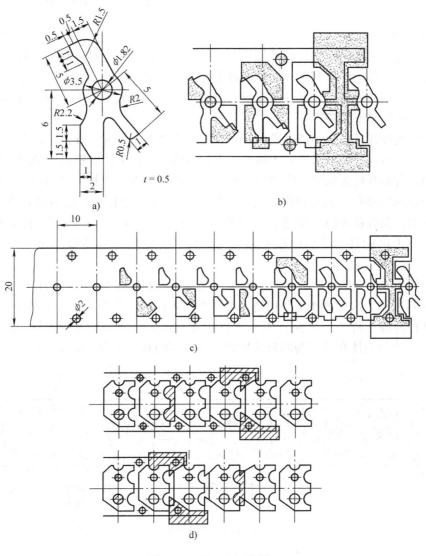

图 1-10　刃口分解举例 1

2）内、外形轮廓分解后，各段间的连接应平直或圆滑。

3）分段搭接点应尽量少，搭接点位置要避开冲裁件的薄弱部位和外形的重要部位。

4）有公差要求的直边和使用过程中有滑动配合要求的边，应一次冲切，不宜分段，以免产生积累误差。

5）外轮廓各段的毛刺方向有不同要求时应分解。

6）外形复杂及有窄槽或细长臂的部位最好分解；复杂的内形最好分解。

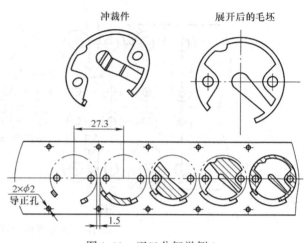

图 1-11 刃口分解举例 2

7. 载体设计

级进冲裁是连续进行的，将制件从第一个工位送到最后一个制位时需要制件以外的余料部分进行支撑。条料上连接制件并保证条料能在模具上稳定送进的这部分材料就称为载体。载体必须具有一定的强度，且保证不变形，否则，轻则影响送料精度，重则阻碍条料送进，造成事故，损坏模具或设备。

载体和普通冲裁排样中的搭边既相似又不同。搭边主要是为了补偿定位误差，使冲裁后的制件外形完整而设置的，所以对于精度要求较高的制件常采用有搭边的冲裁。搭边值的大小以保证冲出合格制件为原则，它与冲件形状、大小、料厚、送料方式和模具结构特点等有关。普通冲裁的排样有"无废料排样"，简单地说就是无搭边排样。而载体在级进模中是绝对不可缺少的，没有载体便不能进行级进模的自动化冲压（一般情况下，都是利用条料的载体和连在其上的制件，浮离凹模平面一定高度，平稳地送进到每一个工位，完成冲裁动作）。

根据制件形状、变形性质、材料厚度等情况，载体主要有以下几种形式。

（1）边料载体　这种载体是利用搭边废料作为载体的一种形式，在载体上冲出导正孔，用它定位进行冲裁、弯曲、拉深、成形等各工序。此时，沿制件整个周边都有废料，如图1-12所示。边料载体在外形为圆形的冲裁、浅拉深的制件排样中应用十分普遍。

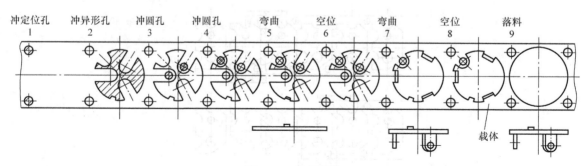

图 1-12 边料载体

特点：方法简单、可靠、省料（可多件排样），应用较广。
应用范围：料厚 $t \geq 0.2$ mm；步距 $S > 20$ mm。

（2）双侧载体　双侧载体是在条料的两侧都设计有载体，制件连接在两载体之间。

特点：条料送进平稳；定位精度高；材料利用率低。一般均为单排。

应用范围：薄料、制件精度要求高；料厚 $t < 0.2$ mm；工位数多（可大于 15 个）。

双侧载体可分为等宽双侧载体和不等宽双侧载体。等宽双侧载体如图 1-13 所示。在双侧均可设置导正孔，且对称分布，所以其定位精度很高，可用于冲裁、弯曲、拉深及成形等级进模。对于不等宽双侧载体，在较宽一侧设置导正孔，较宽的一侧载体称为主载体，较窄的一侧载体称为副载体。副载体可在冲压过程中切去，便于进行侧向冲压，如图 1-14 所示。

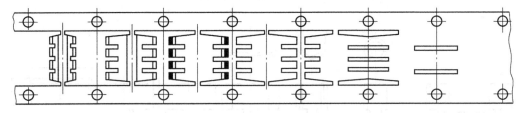

图 1-13　等宽双侧载体

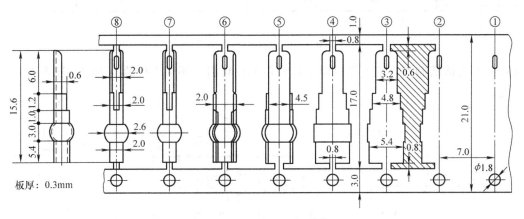

图 1-14　不等宽双侧载体

（3）单侧载体　单侧载体是在条料的一侧设置载体，并在适当位置与制件连接，导正孔都设计在单侧载体上，如图 1-15 所示。一般应用于条料厚度为 0.5mm 以上的冲压件。特别是对于制件一端或几个方向都有弯曲，往往只能保持条料的一侧有完整的外形的场合。在冲压过程中，单侧载体刚性欠佳，易产生横向弯曲，有时在冲压过程中产生微小变形而影响送料步距的精度。无载体一侧的导向比较困难，有时可再借用一个制件本身的孔同时进行导正，以提高送料步距的精度，如图 1-16 所示。与双侧载体相比，单侧载体应取更大的宽度。

对于细长、料薄的制件，为提高条料送进刚度，在每两个冲压制件间的适当位置上用一小部分材料连接起来，这一小段连接部分为桥接部分，称为桥接式载体，这部分材料当冲压到一定工位或到最后切去，如图 1-17 所示。

（4）中间载体　载体在条料的中间称为中间载体，如图 1-18 和图 1-19 所示。它具有单侧载体和双侧载体的优点，可节省大量材料。中间载体适合对称性制件的冲制，最适合对称

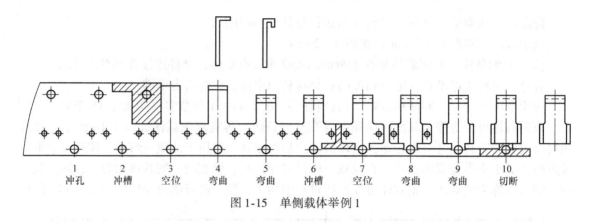

图 1-15 单侧载体举例 1

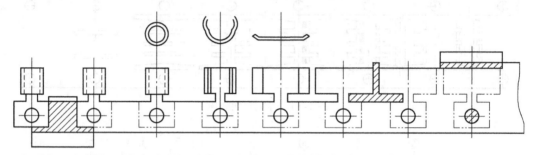

图 1-16 单侧载体举例 2

且两外侧有弯曲的制件。它不仅可以节省大量的原材料,还利于抵消由于两侧压弯时产生的侧向力。

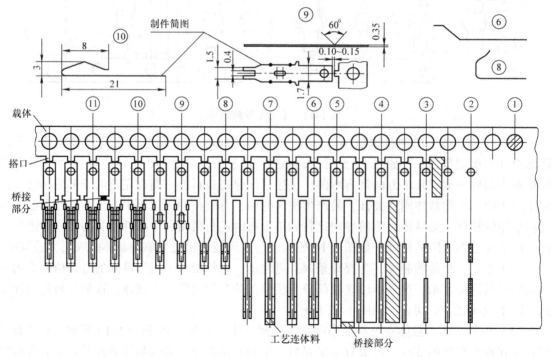

图 1-17 桥接式载体举例

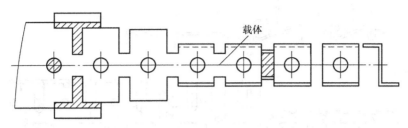

图 1-18 中间载体示例 1

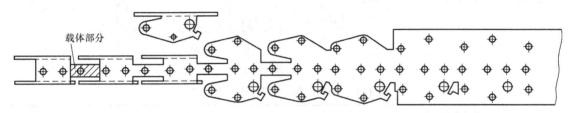

图 1-19 中间载体示例 2

对于一些不对称的单向弯曲的制件，利用中间载体将制件排列在载体两侧，变不对称排样为对称排样，提高了生产率，又提高了材料利用率，也抵消了弯曲时产生的侧向压力。根据制件结构，中间载体可为单载体，也可为双载体，分别称为单中载体（图 1-20）和双中载体（图 1-21）。

应用范围：料厚 $t = 0.5 \sim 2.0$mm，工位数可大于 15 个。

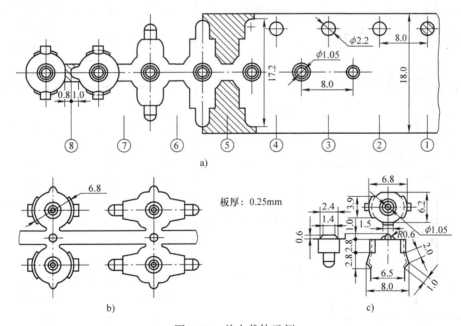

图 1-20 单中载体示例

8. 分段切除余料时相关尺寸设计

载体需要满足一定的尺寸要求，以保证强度和刚度需要及为导正销提供足够空间。载体的尺寸可参照表 1-4 中的经验数据进行设计。

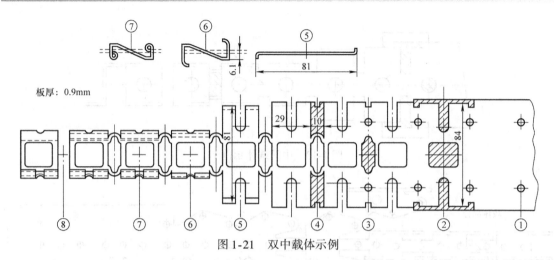

图 1-21 双中载体示例

表 1-4 载体及切余料尺寸设计参考表

载体图例		尺寸/mm	
单载体 A_{min}		3	料厚 $t<0.3$
		4	$t \geq 0.3 \sim 0.8$
		6	$t \geq 0.8 \sim 1.2$
		8	$t \geq 1.2 \sim 2.0$
双载体 B_{min}		1.5	料厚 $t<0.3$
		2	$t \geq 0.3 \sim 0.8$
		3	$t \geq 0.8 \sim 1.2$
		4	$t \geq 1.2 \sim 2.0$
切外形时搭边 a_{min}		0.8（0.8t）	料宽 $B \leq 25$
		1.2（1t）	$B>25 \sim 75$
		1.8（1.2t）	$B>75 \sim 150$
		2.4（1.3t）	$B>150 \sim 250$
切长槽时槽宽 s_{min}		1.8（1.2t）	槽长 $l \leq 10$
		2.5（1.5t）	$l>10 \sim 20$
		3.5（2t）	$l>20 \sim 40$
R 形凸模分断时 C_{min}		1.5（1.2t）	料宽 $B \leq 25$
		2.0（1.5t）	$B>25 \sim 50$
		3.0（2t）	$B>50 \sim 100$

(续)

载体图例	尺寸/mm		
(图示)	直线形凸模分断时 C_{min}	2.0 (1.2t)	料宽 $B \leq 25$
		3.0 (1.5t)	$B > 25 \sim 50$
		4.5 (2t)	$B > 50 \sim 100$

二、相关实践知识

根据转子外形是圆形的特点，排样采用分段切除余料和封闭型孔结合的形式，排样为单行直排，一般把冲孔工位排在前面，落料或切断等分离工序排在后面。

产品结构不算复杂，工位数较少，精度较高，可采用侧刃定距，第1工位冲侧刃缺口，第2工位为冲中心轴孔，第3工位为冲周围12个槽形孔，第4工位为空工位，第5工位为落料工位。在冲槽孔和落料之间增加空工位是为了提高凹模强度，也利于冲压力的平衡。

排样初步设计完成之后，就可以进行尺寸的标注。搭边值可参考普通冲模搭边值。根据转子冲片外形是圆形和材料厚度为0.5mm的情况，条料沿送料方向的中间搭边值为1.5mm；转子冲片排样的步距尺寸为：送料方向转子冲片最大外形尺寸38mm + 中间搭边尺寸1.5mm = 39.5mm。垂直于送料方向的上下侧面搭边值为1.5mm（单边值）；转子冲片排样的条料宽度尺寸为：垂直于送料方向的转子冲片最大外形尺寸38mm + 上下侧面搭边尺寸1.5mm×2 + 1.5mm×2（侧刃切除料边宽度）= 44mm；料宽取下偏差为0.1mm。排样图如图1-22所示。槽孔径向外形与落料部分搭接量为0.5mm。

侧刃切除料边宽度参考表1-5。

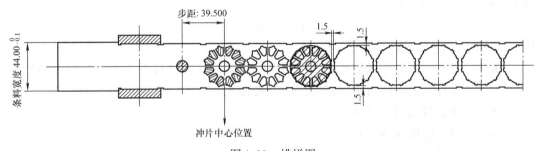

图1-22 排样图

表1-5 侧刃切边量参考值 (单位：mm)

料厚 t	侧刃切边量（切去料边宽度）
≤ 1.2	$1.0 \sim 1.5$
$> 1.2 \sim 1.5$	$> 1.5 \sim 2.0$
$> 2.5 \sim 3.0$	$> 2.0 \sim 2.5$

计算一个步距内的材料利用率

$$\eta = \frac{nA}{BS} \times 100\%$$

n 为一个步距内冲得制件的个数,因采用单行排样,故 $n=1$。

转子面积 A 经 Auto CAD 面域查询功能,查询得 628.32mm^2。

由排样图可知料宽 B 为 44mm,步距 S 为 39.5mm。

将以上数据带入一个步距内材料利用率公式得 $\eta = \frac{628.32}{44 \times 39.5} \times 100\% = 36.15\%$。

任务三 转子冲片级进冲裁工艺计算和冲压设备选择

【教学目标】

1. 掌握冲裁级进模冲裁力的计算方法。
2. 掌握选择冲压设备的方法。
3. 掌握压力中心的计算方法。
4. 计算刃口尺寸。

【工作任务】

根据产品图(图1-1),对转子冲片级进模进行冲裁力计算,并正确选择转子冲片级进模的冲压设备。

一、相关理论知识

1. 冲裁力

冲裁力的大小主要与材料的性质、厚度和制件的展开长度有关。用平刃冲裁模冲裁时,冲裁力可按下式进行计算

$$P_{\text{冲}} = KLt\tau_{\text{b}} \tag{1-1}$$

式中 $P_{\text{冲}}$——冲裁力(N);

K——系数,是考虑到模具刃口磨损,间隙不均匀,材料力学性能及厚度的波动等实际因素而给出的修正量,一般取 $K=1.3$;

L——冲裁件的周长(mm);

t——材料厚度(mm);

τ_{b}——材料的抗剪强度(MPa)。

有时为了计算方便,也可以用下式计算冲裁力

$$P_{\text{冲}} = LtR_{\text{m}} \tag{1-2}$$

式中 L——冲裁件的周长(mm);

t——材料厚度(mm);

R_{m}——材料的抗拉强度(MPa)。

2. 卸料力、推件力及顶件力的计算

由于冲裁时材料的弹性变形及摩擦的存在,当冲裁工作结束时,制件及废料将发生弹性

回复,使带孔部分的板料紧箍在凸模上,而冲下部分的材料则紧卡在凹模孔口中。为了继续冲裁,必须将箍在凸模上的料卸下,将卡在凹模内的料推出。将紧箍在凸模上的料卸下所需的力称为卸料力($P_卸$);将卡在凹模中的料推出所需的力称为推件力($P_推$),将卡在凹模中的料逆着冲裁力方向顶出所需的力称为顶件力($P_顶$),如图1-23所示。

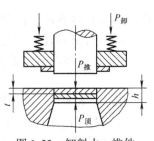

图1-23 卸料力、推件力和顶件力

影响卸料力、推件力和顶件力的因素很多,主要有材料的力学性能、材料厚度、冲裁间隙、制件结构形状和尺寸,以及润滑情况等。

在生产中,一般采用简单的经验公式进行计算

$$P_卸 = K_卸 \cdot P_冲 \quad (1-3)$$

$$P_推 = n \cdot K_推 \cdot P_冲 \quad (1-4)$$

$$P_顶 = K_顶 \cdot P_冲 \quad (1-5)$$

式中 $P_卸$、$P_推$、$P_顶$——分别为卸料力、推件力、顶件力(N);

$K_卸$、$K_推$、$K_顶$——分别为卸料力系数、推件力系数、顶件力系数,其数值参见表1-6;

$P_冲$——冲裁力(N);

n——同时卡在凹模内的件数,$n = h/t$(h为凹模刃口直壁高度,t为料厚)。

表1-6 $K_卸$、$K_推$ 和 $K_顶$ 值

料厚/mm		$K_卸$	$K_推$	$K_顶$
钢	≤0.1	0.06~0.09	0.1	0.14
	>0.1~0.5	0.04~0.07	0.065	0.08
	>0.5~2.5	0.0025~0.06	0.05	0.06
	>2.5~6.5	0.02~0.05	0.045	0.05
铝、铝合金		0.03~0.08	0.03~0.07	
纯铜、黄铜		0.02~0.06	0.03~0.09	

注:卸料力系数 $K_卸$ 在冲多孔、大搭边和复杂轮廓时取上限值。

3. 压力机公称力的确定

冲裁工艺力包括冲裁力、卸料力、推件力和顶件力。因此,在选择压力机公称力时,须根据模具结构计算冲裁工艺力。

采用刚性卸料装置和下出料方式的冲裁工艺力为

$$P_总 = P_冲 + P_推 \quad (1-6)$$

采用弹性卸料装置和上出料方式的冲裁工艺力为

$$P_总 = P_冲 + P_卸 + P_顶 \quad (1-7)$$

采用弹性卸料装置和下出料方式的冲裁工艺力为

$$P_总 = P_冲 + P_卸 + P_推 \quad (1-8)$$

根据冲裁工艺力选择压力机时,一般应使所选压力机的公称力大于计算所得的值。

二、相关实践知识

1. 计算冲裁工艺力

(1) 冲裁工艺力组成 根据排样图,转子需要完成侧刃冲切缺口、冲中间圆孔、冲周

边槽孔和圆形落料,它们的总和为冲裁力。另外还有卸料力、推件力和顶件力。

(2) 计算总冲裁工艺力,选择压力机

1) 计算冲裁力。平刃冲裁的冲裁力计算公式为

$$P_{冲} = KLt\tau_b \tag{1-9}$$

其中, K 取 1.3,料厚 $t = 0.5$ mm,材料抗剪强度 τ_b 查表得 560MPa,冲切轮廓周长 $L = L_1 + L_2 + L_3 + L_4 = (41.78 \times 2 + 10\pi + 26.48 \times 12 + 7.55 \times 12)$ mm ≈ 523.32mm。将以上数据代入冲裁力计算公式,得冲裁力 $P_{冲} = 1.3 \times 523.32 \times 0.5 \times 560$N ≈ 190.49kN。

2) 计算卸料力。卸料力的计算公式为

$$P_{卸} = K_{卸} P_{冲} \tag{1-10}$$

$K_{卸}$ 为卸料力系数,查表得 $K_{卸} = 0.055$,代入公式得 $P_{卸} = 0.055 \times 190.49$kN ≈ 10.48kN。

3) 计算冲裁工艺力。冲裁工艺力为 $P_{总} = P_{冲} + P_{卸} ≈ 201$kN

4) 选择压力机。选择高速压力机 J21G-25,其技术参数见表1-7。

表1-7 J21G-25 高速压力机技术参数

公称力/kN	250
滑块行程/mm	30
行程次数/min	200~400
最大装模高度/mm	230
装模高度调节量/mm	50
滑块中心至工作台距离	170
工作台板尺寸(前后×左右)/mm×mm	400×700

2. 计算压力中心

利用解析法计算压力中心,假设压力中心坐标为 (x_0, y_0),将冲裁刃口分段,将各段中心坐标和各段长度汇总于表1-8。

表1-8 压力中心计算表

分段	各段中心坐标 (x_i, y_i)	各段长度 L_i/mm
1 侧刃	(0, 0)	41.78×2
2 轴孔 φ10mm	(39.5, 0)	10π
3 异形槽 12 个	(39.5×2, 0)	26.48×12
4 落料 φ38mm	(39.5×4, 0)	7.55×12

冲裁轮廓对称,只需计算压力中心的横坐标,将表1-8中数据代入压力中心公式

$$x_0 = \frac{L_1 x_1 + L_2 x_2 + L_3 x_3 + L_4 x_4}{L_1 + L_2 + L_3 + L_4}$$

$$= \frac{10\pi \times 39.5 + 26.48 \times 12 \times 39.5 \times 2 + 7.55 \times 12 \times 39.5 \times 4}{10\pi + 26.48 \times 12 + 7.55 \times 12} ≈ 92.46 \tag{1-11}$$

故压力中心的位置如图1-24所示。

3. 计算各凸模和凹模刃口尺寸

落料时,以凹模为基准件,其大小应取制件的最小极限尺寸,凸模刃口尺寸按凹模尺寸

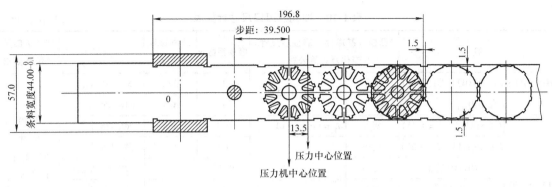

图 1-24 转子冲片压力中心

减去一个最小合理间隙。冲孔时,以凸模为基准,其大小取制件孔的最大极限尺寸,凹模刃口尺寸按凸模刃口尺寸加一个最小合理间隙。

刃口尺寸计算方法有分别加工法和配合加工法。分别加工法适合于形状简单,特别是圆形的制件。当制件形状复杂或间隙较小时,一般常采用配合加工法,即先加工基准件凸模(或凹模),然后以此为基准配作凹模(或凸模)并保证一定间隙。制造公差一般取制件公差的1/4。

(1)冲孔凸模刃口尺寸 根据排样图,前面3个工位分别为侧刃切口、冲轴孔和冲12个异形槽孔(图1-25),都属于冲孔,刃口尺寸以凸模为基准件。第4工位为空工位,不需要计算。第5工位为落料,刃口尺寸计算以凹模为基准件。

值得注意的是,侧刃精度直接影响步距精度,进而影响制品精度。首先根据经验公式计算条料步距精度,公式为

$$\delta = \pm \frac{\beta}{2\sqrt[3]{n}} k \tag{1-12}$$

式中 δ——级进模步距对称公差值;

β——制件垂直于送料方向最大轮廓尺寸精度提高3~4级后的实际公差值;按IT6级,取为0.016mm;

n——工位数,此处取5;

k——修正系数,可查表1-9,得 $k = 0.9$。

经计算得 $\delta = \pm 0.0042$mm。

表1-9 修正系数 k 值

冲裁间隙/mm	k 值	冲裁间隙/mm	k 值
0.01~0.03	0.85	>0.12~0.15	1.03
>0.03~0.05	0.90	>0.15~0.18	1.06
>0.05~0.08	0.95	>0.18~0.22	1.10
>0.08~0.12	1.00		

注:1. 修正系数 k 主要考虑料厚和材质因素,并将其反映到冲裁间隙上去。
2. 级进模因工位的步距累积误差,标注模具每步尺寸时,应由第1工位至其他各工位直接标注其长度,无论长度多大,其步距公差均为 δ。

冲孔模刃口尺寸计算结果见表1-10。

表 1-10 冲孔模刃口尺寸计算表　　　　　　　　　　　　（单位：mm）

孔		凸模（基准件）磨损后尺寸变化及计算公式		磨损系数 x	凸模制造公差 δ_p	结果	凹模刃口尺寸配作要求
侧刃切口 39.5 ± 0.0042（步距精度）		变小	$b_p = (b_{min} + x\Delta)_{-\delta_p}^{\ 0}$	1	$\Delta/4$	$39.504_{-0.0021}^{\ \ 0}$	凹模刃口尺寸按凸模配作，并保证双面间隙 0.06（取 12%t）
轴孔 $\phi10_{\ 0}^{+0.05}$		变小		1	$\Delta/4$	$\phi10.050_{-0.0125}^{\ \ 0}$	
12 个异形槽孔	$R0.5$（$IT14, \Delta = 0.25$）	变大	$a_p = (a_{max} - x\Delta)_{\ 0}^{+\delta_p}$	0.5	$\Delta/4$	$R0.375_{\ 0}^{+0.0625}$	
	$R0.75$（$IT14, \Delta = 0.25$）	变小		0.5	$\Delta/4$	$R0.875_{\ 0}^{+0.0625}$	
	$R1.805_{-0.02}^{+0.04}$	变小	$b_p = (b_{min} + x\Delta)_{-\delta_p}^{\ 0}$	0.75	$\Delta/4$	$R1.83_{-0.015}^{\ \ 0}$	
	$\phi36_{\ 0}^{+0.06}$	变小		1	$\Delta/4$	$\phi36.06_{-0.015}^{\ \ 0}$	
	$2.4_{\ 0}^{+0.06}$	变小		0.75	$\Delta/4$	$2.445_{-0.015}^{\ \ 0}$	
	$2.5_{-0.060}^{\ \ 0}$	变大	$a_p = (a_{max} - x\Delta)_{\ 0}^{+\delta_p}$	0.75	$\Delta/4$	$2.455_{\ 0}^{+0.015}$	
	$\phi23.6_{-0.03}^{+0.03}$	不变	$c_p = c \pm \dfrac{\Delta}{8}$			$\phi23.6 \pm 0.0075$	

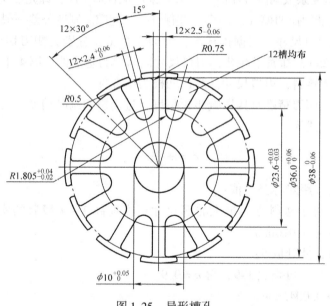

图 1-25　异形槽孔

（2）落料凹模刃口尺寸计算　最后一个工位为 $\phi38$mm 落料，落料时以凹模为基准，落料凸模与其配作，并保证间隙要求。凹模刃口尺寸为

$$D_d = (D_{max} - x\Delta)_{\ 0}^{+\delta_d} = (38 - 1 \times 0.06)_{\ 0}^{+\frac{1}{4} \times 0.06} \text{mm} = 37.94_{\ 0}^{+0.015}\text{mm}$$

任务四　转子冲片冲裁级进模总体结构设计

【教学目标】

1. 能正确设计级进模的总体结构。
2. 掌握典型的级进模结构。

【工作任务】

根据产品图（图1-1），确定转子冲片冲裁级进模的总体结构。

一、相关理论知识

1. 导向装置

级进模的导向装置由上模座、下模座和导柱、导套等组成，如图1-26所示。一般精密级进模都采用4个及以上导柱的模架结构。图1-27所示为导柱和导套间的导向方式，图1-27a所示为滑动导向结构，图1-27b所示为滚动导向结构。

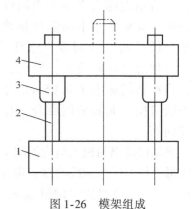

图1-26 模架组成
1—下模座 2—导柱 3—导套 4—上模座

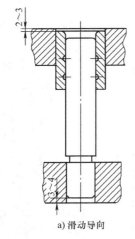
a) 滑动导向

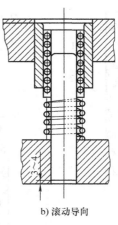
b) 滚动导向

图1-27 导向方式

滑动导向是利用导柱、导套在一定精度范围内的滑动配合，使上、下模座保证沿着正确方向运动。由于导柱、导套间的配合是动配合，存在一定的配合间隙，其值比较小，最小为0.005mm，所以这种导向装置能保持较高的导向精度。由于滑动导向装置结构简单、制造方便，故应用十分广泛。滚动导向是上、下模座间除导柱、导套外，还在导柱、导套之间多了一层滚珠（即钢球）和安装滚珠的保持圈，如图1-28所示。通过钢球在导柱、导套间0.01~0.02mm的过盈量，在冲压力的作用下上模沿导柱上下做纯滚动运动。

导向装置的选择，一般主要根据模具的冲裁间隙、制件材料厚度和模具的复杂程度（如工位数比较多、材料比较薄、冲裁间隙小和要求模具使用寿

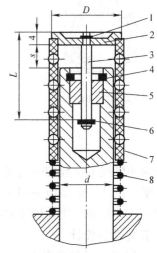

图1-28 滚动导向局部结构
1—轴用弹性挡圈 2—限位帽 3—导轴
4—孔用弹性挡圈 5—挡块
6—轴用挡圈 7—保持圈 8—弹簧

命长）等情况综合考虑。当制件材料特别薄、制件精度要求高时，应首选无间隙的滚动模架。如果选用小间隙高精度的滑动模架，原则是所选模架的导柱、导套配合间隙应小于模具的冲裁间隙，这样才能保证冲裁精度。例如模具的冲裁间隙小于0.1mm时，选用滑动导向模架，导柱、导套之间采用H6/h5配合完全可以满足制件的质量要求；当冲裁间隙小于0.05mm时，应选用滚动导向模架。高精度、长寿命和薄料、小间隙级进模，尤其是硬质合金精密级进模广泛采用滚动导向结构，当然，其成本较滑动导向高。

滚珠保持圈的相关结构如图1-29所示。径向圆周角β为一均布值（30°，36°，40°等）；轴向每一行滚珠与轴线的倾斜角$\alpha = 5° \sim 10°$，多数$\alpha = 8°$；滚珠间距$t \geqslant 2d_0$，d_0为钢球（即滚珠）直径，保持圈中常用$d_0 = 3 \sim 4$mm。

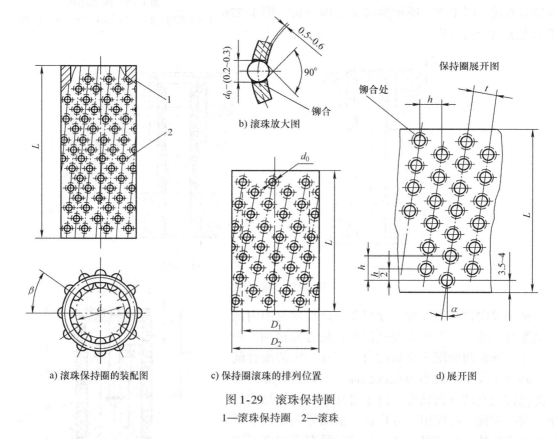

图1-29 滚珠保持圈
1—滚珠保持圈 2—滚珠

普通冲模或工位数较少的级进模模座材料一般为铸铁，而多工位级进模对于模架的强度和刚度要求较高，更多地采用45钢制造，并对钢模座进行消除内应力和提高模座综合力学性能的调质等处理，使其硬度稍有增加，刚性和抗冲击疲劳性能提高。

2. 定距零件设计

（1）侧刃定距与侧刃挡块　侧刃定距适用于料厚$t = (0.1 \sim 1.5)$mm的情况，料太厚（$t > 1.5$mm）和太薄（$t < 0.1$mm）时，都不宜采用。

1）侧刃刃口长度设计。侧刃作为唯一的定距方法使用时，侧刃刃口长度一般等于送料步距。

侧刃定距虽然稳定可靠，定位精度也不低，但它仍属于一般定位。在级进模中，除用侧刃定距外，有的还要用导正销进一步定位，此时的侧刃，一般作为粗定位，导正销用于精定位。这时，侧刃刃口切料长度尺寸应略大于送料步距尺寸 0.05~0.1mm，以便导正销导入导正孔时，条料能有一定微量的后退，以获得良好的定距效果。

2）侧刃的结构如图 1-30 所示，Ⅰ型为直入式侧刃，Ⅱ型为导入式侧刃。导向式侧刃在冲裁前的情况如图 1-31 所示。

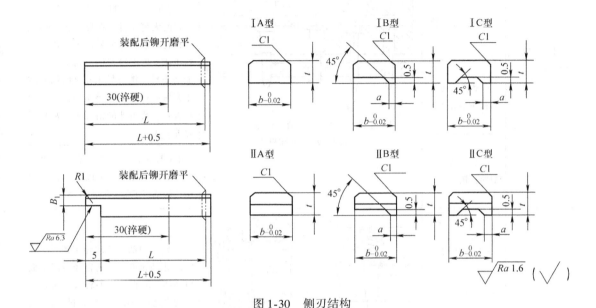

图 1-30 侧刃结构

（2）导正销定距 条料的导正定位，一般是通过导正销插入条料上的圆形或其他形状的导正孔完成的。被插入的圆孔或其他形状的孔，可以利用制件的结构孔，也可以在条料上加工出工艺孔，专供导正用。导正销定距，一般属于最后定位，是精定位，主要用于自动送料的级进模中，一般在制件精度要求高时使用。根据其使用场合不同，导正销定位可分为直接导正和间接导正。级进模多用间接导正。

1）导正销形式。表 1-11 列出了导正销间接导正的几种基本形式。根据其结构不同，分为固定式和活动式两类。

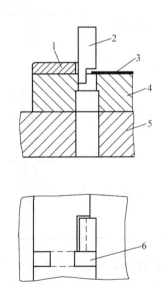

图 1-31 导向式侧刃在冲裁前的情况
1—侧面导板 2—侧刃 3—条料 4—凹模 5—底座 6—挡块

表 1-11 导正销间接导正的几种基本形式

导正销形式	类型	图例	应用
固定式独立导正销	a型：标准型独立导正销	a型 b型 c型 d型 1—小圆柱 2—导正销 3—固定板 4—卸料板 5—卸料块	a型、b型导正销一般用于导正较小的孔径，在级进模中独立地安装在固定板上，与凸模固定板一般采用H6/m6或H7/m6过渡配合固定
	b型：导正销		c型带弹性卸料块型导正销用于薄料的大型制件，在导正销未插入导正孔之前，先由弹性卸料块将条料压住，再由导正销进行导正，它能防止导正销与导正孔之间因间隙小容易把材料带在导正销上。在卸料板有安装余地的情况下，常采用此种形式
	c型：带弹性卸料块型导正销		
	d型：加垫圈型导正销		d型导正销在凸模刃磨后伸出的长度能得到控制，可以在导正销固定端的凸缘下加垫圈进行调整
活动式独立导正销	e型导正销	e型 f型 1—螺塞 2—弹簧	e型、f型都是活动导正销，其共同之处是导正部分的直径与固定板可动部分的直径相差较大。两者的不同之处是采用f型时卸料板较厚，导正部分的圆柱长度较小，因此在卸料板的反面加工成空穴
	f型导正销		
	g型导正销	g型 h型	g型、h型导正销与卸料板采用动配合，这在卸料板有一定厚度的情况下也是可以采用的一种结构
	h型导正销		装拆比较方便，但定位精度不如固定式导正销，适用于较厚条料的定位

2）导正销直径 d 与导正孔直径 D 之间的配合间隙。间隙过大时，导正精度低；间隙过小时，导正销磨损加剧，定距精度下降。d 与 D 之间的配合间隙大小，与级进模步距精度要求和制件料厚有关。步距精度要求不高、工位数少、材料较厚时，两者直径差较大；步距精度要求高、材料薄时，两者直径差较小。

3）导正销直径 d 与凹模上的让位孔 D_1 之间的关系。导正销工作时，通过条料还要伸出较长一段长度，对应的凹模上需加工出通孔，即让位孔。让位孔 D_1 与导正销直径 d 之间要保持足够间隙，如图 1-32 所示。也有将 D_1 加工成比较大，取 $D_1 = d + 2t$。当送料有误差时，导正销可使条料的导正孔出现翻边等变形情况，避免了导正销损坏。

4）导正销工作直径段伸出长度与凸模的关系。导正销工作直径段伸出长度，一般指露出卸料板底平面的有效定位长度 h，如图 1-33 所示。长度 h 与料厚 t 及材料的软硬有关，材料越硬，导正孔的剪切面变小，h 值可适当减小，一般取 $h = (0.8 \sim 1.5)t$。

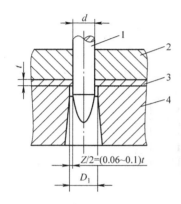

图 1-32 导正销与凹模让位孔之间的间隙
1—导正销 2—卸料板 3—条料 4—凹模

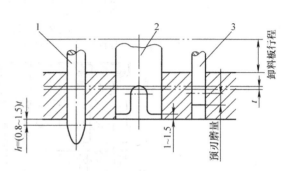

图 1-33 导正销工作直径段伸出长度与凸模的关系
1—导正销 2—弯曲凸模 3—冲裁凸模

3. 卸料装置设计

（1）卸料装置的作用及组成　卸料装置在级进模中是个很重要的组成部分，常用的有固定卸料和弹性卸料两种形式。固定卸料装置（适用于料厚 $t \geq 1.5\mathrm{mm}$）就是起卸料作用，级进模中常见的是弹性卸料装置。弹性卸料装置不仅在冲压完成后起卸料作用，冲压开始前还起压料作用，在冲压过程中可防止材料的滑移或扭曲，同时对小凸模还有导向、保护等作用，因此，模具的精度和使用寿命与卸料装置的结构、精度和强度有着直接的关系。

级进模中的卸料装置主要由卸料板、弹性元件、卸料螺钉和辅助导向零件组成。图 1-34 所示为弹性卸料板卸料的几种形式。

（2）弹性卸料板设计

1）弹性卸料板的结构。级进模中，弹性卸料板根据模具的不同特点与要求，有整体式、镶拼式、分段式和混合式等。级进模由于型孔多、形状复杂，为保证型孔的位置精度、表面粗糙度、尺寸精度和配合间隙，并便于热处理，多采用镶拼式，而很少采用整体式弹性卸料板，如图 1-35、图 1-36 所示。级进模的弹性卸料板设计成反凸台形，冲压时，凸起部分进入两导料板之间，可起压料作用。凸台与两导料板之间应留有适当间隙。

和普通冲模相比，级进模的卸料板承受的振动和冲击力大，卸料板应具有足够的强度和刚度，以防止在长期工作中产生变形失效。级进模中弹性卸料板的厚度常常比普通冲模中的厚。

2）弹性卸料板型孔与凸模间配合精度。级进模卸料板上各工作型孔应当与凹模型孔同轴，特别是高速连续冲压时，各型孔与凸模的配合间隙仅为凸模与凹模冲裁间隙的 $1/3 \sim 1/4$，这样才能起到对凸模的导向和保护作用。间隙越小，效果越好，模具寿命也高，但会给制造带来困难。对于低速冲压，则可适当放宽凸模与卸料板型孔的间隙。

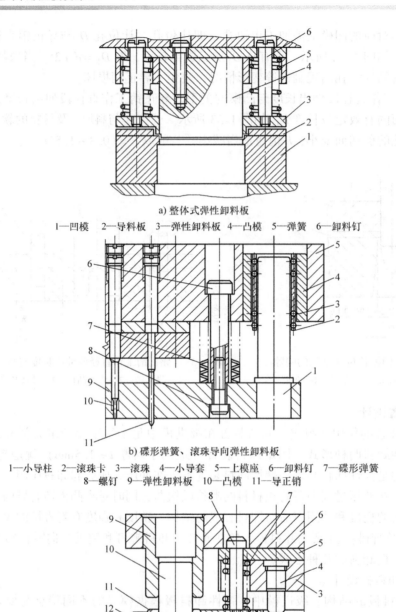

a) 整体式弹性卸料板
1—凹模 2—导料板 3—弹性卸料板 4—凸模 5—弹簧 6—卸料钉

b) 碟形弹簧、滚珠导向弹性卸料板
1—小导柱 2—滚珠卡 3—滚珠 4—小导套 5—上模座 6—卸料钉 7—碟形弹簧
8—螺钉 9—弹性卸料板 10—凸模 11—导正销

c) 镶拼式弹性卸料板
1—下模座 2—凹模 3—固定板 4—凸模 5—垫板 6—上模座 7—弹簧 8—卸料钉
9、11—导套 10—导柱 12—卸料板基体 13—卸料板 14—销 15—螺钉

图 1-34 弹性卸料装置的形式

3) 对卸料板的技术要求。弹性卸料板是弹性卸料装置的主要零件,其结构和加工质量关系到模具的精度和使用寿命。对卸料板的要求是刚性要好,导向部位有较好的耐磨性,工作时

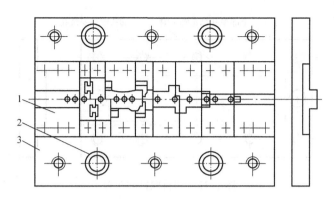

图 1-35　拼块式弹性卸料板
1—拼块　2—导套　3—卸料板

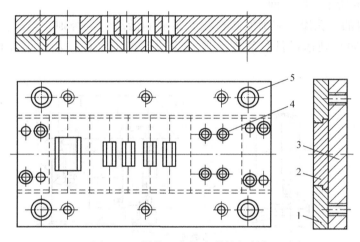

图 1-36　拼块和嵌块式弹性卸料板
1—固定板　2—拼块　3—卸料板　4—嵌块　5—导套

弹压力大且上下活动平稳,耐疲劳。在结构设计和制造精度方面往往高于凹模才能满足要求。

① 为了适应高速冲压中的导向和保护作用,卸料板型孔的表面粗糙度应控制为 $Ra0.1 \sim 0.4\mu m$,同时,需注意润滑。

② 卸料板应具有良好的耐磨性。常采用高速工具钢或合金工具钢制造,如 CrWMn,淬火后硬度为 56~58HRC。

③ 弹性卸料板与各凸模间应有良好润滑。常用方法是在卸料板的上平面上铺一层油毡,并沿卸料板周边镶金属边框,在每次冲压前注入机油,这样便可对凸模与卸料板进行润滑。

④ 拼镶结构卸料板需采用精密线切割和成形磨削,以保证型孔和孔距精度、型孔和凸模的精密配合,以及型孔的表面粗糙度要求等。

(3) 卸料螺钉设计要点　卸料板的压料力、卸料力都是由卸料板上面均匀分布的卸料螺钉和弹簧得到的。卸料螺钉和弹簧的分布位置,对卸料板的强度和寿命有一定影响,要求如下:

1) 卸料板应保持卸料力的平衡,所以卸料螺钉受力应均匀,如图 1-37 所示。

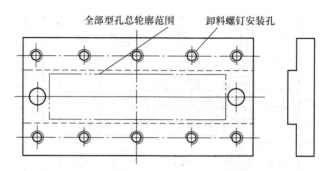

图1-37 卸料螺钉的布置

2) 卸料螺钉的工作长度在同一副模具内应严格一致,以免安装后不能平衡卸料,擦伤凸模。凸模每次刃磨时,卸料螺钉也应同时磨去相同高度。在图1-38中,图1-38a所示为磨垫片,图1-38b所示为磨端面。

3) 卸料螺钉的沉孔深度应确保卸料板有足够的活动量,否则,当凸模经多次刃磨后,卸料螺钉头部在冲头到达最低位置时会高出上模座的上平面,从而损坏模具或设备,如图1-39所示。

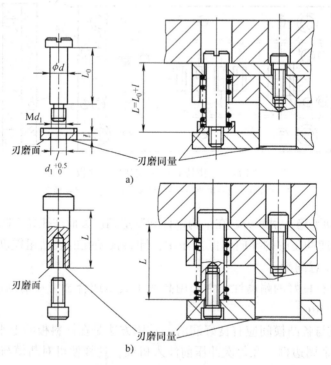

图1-38 卸料螺钉刃磨部位

(4) 卸料板导向(内导向结构) 为了使卸料板对凸模起到导向和保护作用,常在凸模固定板与卸料板之间增设小导柱和小导套。小导柱和小导套之间的间隙比凸模与卸料板之间的间隙更小,小导柱与小导套的配合间隙为凸模与卸料板配合间隙的1/2,多数为双面配合间隙≤0.005mm,其相互关系见表1-12。当料薄、工位数多、模具精度要求高时,一般采用滚珠导向。

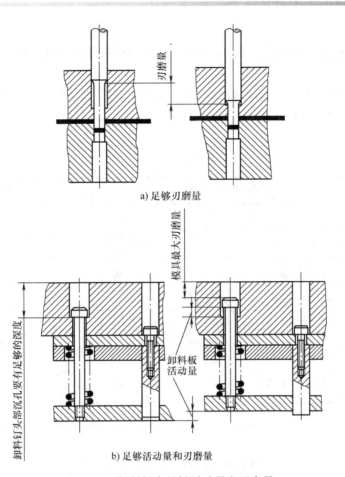

图 1-39 卸料板有足够活动量和刃磨量

表 1-12 小导柱与小导套、凸模与卸料板的配合间隙　　　　　　　　（单位：mm）

序号	模具冲裁间隙 Z	凸模与卸料板配合间隙	小导柱与小导套配合间隙	建议内导向方式
1	>0.015~0.025	>0.005~0.007	0.003	滚动
2	>0.025~0.05	>0.007~0.015	0.006	滚动
3	>0.05~0.10	>0.015~0.025	0.01	滑动（H6/h5）
4	>0.10~0.15	>0.025~0.035	0.02	滑动（H7/h6）

二、相关实践知识

1. 卸料装置设计

转子料厚为 0.5mm，属于薄料，采用弹性卸料装置较为合适。弹性卸料装置主要由卸料板、卸料螺钉、卸料套管和强力压缩弹簧组成。

2. 卸料板设计

弹性卸料板起压料和卸料双重作用，要保证卸料板能压到条料，可将卸料板设计成反凸台式，或者在导料板和抬料钉相应位置做出让位孔，本任务的设计选择后者。

卸料板上型孔的设计：一般卸料板型孔与凸模间的配合间隙为凸模、凹模配合间隙的 1/4~1/3，经查文献资料，凸模、凹模间的间隙为 0.036mm，故卸料板型孔与凸模间的配合间隙为 0.01mm。

为保证卸料板的位置精度，通过 4 根小导柱对卸料板进行导向。模具开启时，小导柱和小导套不能分开。

卸料板要求具有高强度、高耐磨性，选择 Cr12，热处理硬度为 58~60HRC。卸料板的结构及相关尺寸如图 1-40 所示。

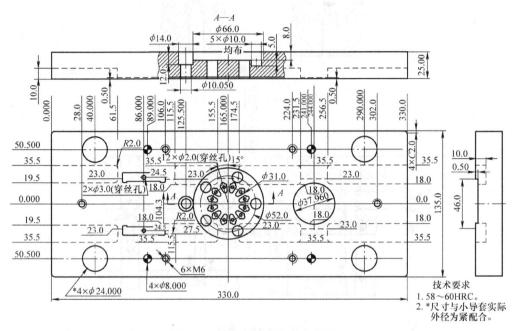

图 1-40 卸料板的结构及相关尺寸

3. 卸料螺钉及弹簧选择

根据卸料板外形尺寸及卸料力大小，选择 6 组卸料螺钉（M6）和弹簧，均匀分布，以保证每个螺钉受力均衡。当凸模刃磨时，卸料螺钉也要刃磨去相同高度。本设计通过刃磨卸料套管垫圈来实现，如图 1-41 所示。选择矩形螺旋弹簧（SWG20-80），即强力压缩弹簧，以提供足够的卸料力。

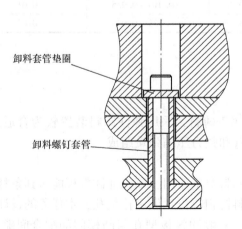

图 1-41 卸料螺钉套管及卸料套管垫圈

4. 导料装置形式

由于采用手动送料，故导料装置比较简单，可采用4处独立分块式导料板对条料沿送进方向进行导向，并在第1段导料板与条料接触部分采用镶件结构，镶块淬硬处理，以提高耐磨性，进而提高导向精度。导料板外形为带凸台式，导料板厚度为8mm，限制高度为5mm。此处选取两个代表性导料板1和导料板3（有抬料钉让位孔特征）来说明导料板的结构及相关尺寸，如图1-42所示。

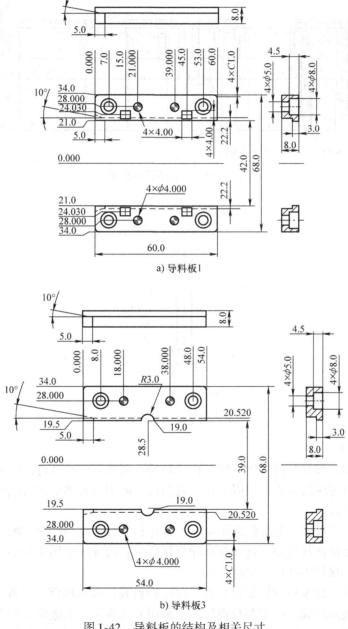

图1-42 导料板的结构及相关尺寸

为了保证各工位连续、正确、稳定地工作，条料在送进过程中不能受到任何的阻滞，必须使条料浮离凹模平面。本设计选用浮料装置，抬料钉个数为8个，类型选择平端面型，分布在冲切作用力较大的工位的附近。注意不能与模具工作零件的位置发生干涉，还需在导料板的相应位置设置避让孔。抬料用弹簧选用圆线弹簧，型号为 WT8-55，并配用8个螺塞。顶料装置如图 1-43 所示，抬料钉由弹簧支承，弹簧下面有螺塞。抬料钉的结构及相关尺寸如图 1-44 所示。

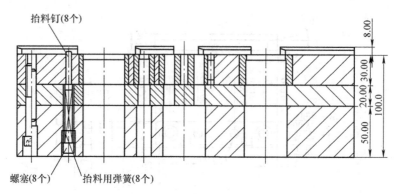

图 1-43　顶料装置示意图

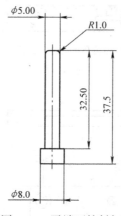

图 1-44　平端面抬料钉

5. 总装图设计

由排样图可知，该冲裁件采用封闭型孔冲裁的方式成形，冲裁件形状较简单且对称，精度较高。采用侧刃定距的方式，可以简化模具结构。侧刃的具体形式为成形侧刃，定距精度较普通的方形侧刃高。

模具采用内、外导向，外导向采用4个大导柱和大导套滚动配合，配合精度高，能提高上模运动精度，保证冲裁间隙，进而提高冲裁件质量；内导向采用4个小导柱和小导套，旨在为卸料板导向，保护小凸模，提高模具寿命。

由于料比较薄，故采用弹性卸料装置。弹性卸料装置由卸料板、弹簧、卸料螺钉、卸料套管及卸料套管垫圈组成。由于卸料板较重，采用8组弹簧。级进模需要连续送料，为了保证条料的连续送进，减小料对凹模的磨损，模具在下模部分需要设置抬料机构，根据模具尺寸选择顶料销个数，并确定其位置，本模具选用8组抬料机构，抬料钉由弹簧支承。

模具外形尺寸不大，故上模采用模柄结构，工作时模柄与压力机滑块相连接。转子冲片级进模总装图如图1-45所示。

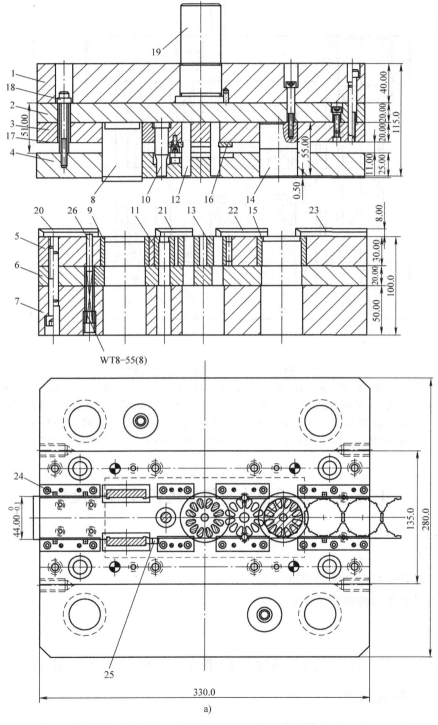

图1-45 转子冲片级进模总装图

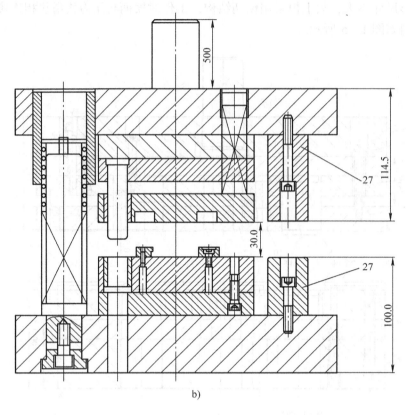

图1-45 转子冲片级进模总装图（续）

1—上模座 2—上垫板 3—凸模固定板 4—卸料板 5—凹模固定板 6—下垫板 7—下模座 8—侧刃凸模
9—侧刃凹模 10—轴孔凸模 11—轴孔凹模 12—冲槽凸模 13—冲槽凹模 14—落料凸模
15—落料凹模 16—冲槽凸模压板 17—卸料套管 18—卸料套管垫圈 19—模柄
20~23—导料板 24—导料板镶件 25—送料限位块 26—抬料钉 27—上、下模限位柱

任务五 转子冲片冲裁级进模零部件设计

【教学目标】

1. 掌握冲裁级进模凸模的设计方法。
2. 掌握冲裁级进模凹模的设计方法。

【工作任务】

根据产品图（图1-1），完成冲裁级进模工作零件（凸模和凹模）的设计。

一、相关理论知识

自动级进模工作零件指凸模和凹模。和一般冲模相比，冲裁级进模包含两种以上的冲压工艺，工位数多，凸模、凹模数量多，凸模、凹模尺寸小，所以，凸模、凹模的设计、加工、装配和维修都比一般冲模复杂得多。

1. 级进模工作零件设计与制造的原则

级进模用于大批量生产，要求模具使用寿命长，易损件的更换和模具维修要方便。具体来讲，凸模、凹模的设计应遵循下列原则。

（1）凸模和凹模结构要简单可靠、制造方便，便于测量和组装　凸模、凹模的结构设计越复杂，制造越困难，加工周期越长，所以凸模、凹模的结构要尽量简单，便于制造和维修。

如果凹模的型孔比较复杂，不便加工，则可以采用镶拼式结构，将凹模的型孔内形加工变为外形加工，以便于加工和维修。

（2）凸模和凹模要有足够的强度、刚度和硬度　由于多是高速连续冲压，级进模的凸模、凹模振动极大，所以磨损也特别快，为此，设计凸模、凹模时应选择强度较好的材料，并选择合理的热处理工艺和规范，同时在条件许可时减少凸模长度、增加凹模厚度、在结构工艺上增加它们的强度和刚度。

（3）凸模和凹模必须安装牢固，便于维修和更换　由于级进模的高速连续作业，振动极大，所以，牢固安装显得特别重要。另外，凸模、凹模容易磨损、损坏失效，就需要及时进行调整、维修和保养。因而连接固定方式的选择还需考虑维修后仍能方便地保证各工位间凸模的位置精度，且各工位的凸模、凹模间隙的均匀一致和稳定。

（4）自动级进模的凸模和凹模应有统一的基准　各种不同冲压性质的凸模、凹模尽可能使其基准协调统一。一般在设计级进模时，以凹模各型孔坐标为基准，以第1工位定出坐标原点，以此定出各工位型孔的坐标关系。凸模的安装位置、卸料板各型孔位置，均要与凹模一致，不得混乱。凸模的工作形状与对应的凹模型孔形状及卸料板的型孔形状也应一致。这样，既便于加工，又不容易出现差错。

（5）要考虑刃磨后的凸模和凹模相对位置对其他工位凸模和凹模相对位置的影响　每一副级进模，工位数一般都在2个或2个以上，除纯冲裁的级进模以外，其他性质的级进模一旦冲裁部分刃口在正常刃口重磨之后，凸模、凹模之间的闭合高度尺寸即发生了变化而比原始状态减小，此时，其他工位凸模、凹模之间的闭合高度尺寸也应做相应调整，否则便无法达到正常生产要求，或无法进行正常生产。设计凸模、凹模时要根据该模具的冲压特点，综合考虑每个工位的具体结构，如采用活动凸模、可调凸模、凹模等。

（6）要考虑余料排除及时畅通和防止浮料　级进模在高速冲压过程中，如果被冲下的制件或废料在上模回程（即上升）时被凸模带走，或落到凹模上不能及时被清除，有可能损坏模具，这是绝对不允许的。同样，冲下的制件或废料若不能畅通地从凹模的出件孔中自由落下，严重时会将凹模胀裂，这也是绝对不允许的。因此，要在凸模上考虑设置小顶杆装置，或者通高压空气的孔，以便于及时清除废料或制件；在凹模上要考虑设置吸件或吸废料的通气孔，以保证冲落下来的制件及时排出，不留在凹模内。

2. 凸模设计

（1）凸模常见结构

1）可卸式圆凸模。图1-46所示为级进模中常用的可卸式圆凸模，其配合可采用过渡配合 H7/m6 或 H6/m5。小直径凸模卸料板有导向和保护套时，可采用配合 H7/h6 或 H6/h5。

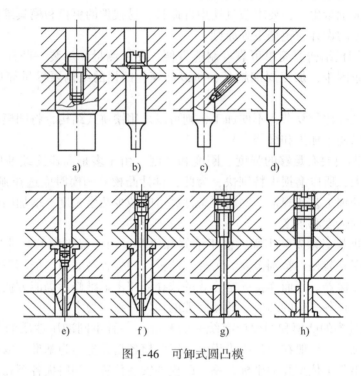

图 1-46　可卸式圆凸模

图 1-46a 所示圆凸模用螺钉与凸模垫板连接固定，一般工作直径 $d>\phi 10mm$。图 1-46b 所示凸模的工作直径一般为 $\phi 6 \sim \phi 10mm$，通过凸模尾部螺纹用螺母与凸模固定板紧固。图 1-46c 所示凸模拆卸方便。图 1-46d 所示凸模由过渡配合后产生的摩擦力来固定。图 1-46c、d 所示凸模主要用于冲压薄料和卸料力很小的场合。图 1-46e～h 所示结构主要用于小直径凸模，即工作直径为 $\phi 0.8 \sim \phi 2.0mm$。图 1-46e 所示凸模用螺塞固定，图 1-46f～h 所示凸模用滑柱和螺塞固定。小直径凸模的保护套可装在凸模固定板上，如图 1-46e、f 所示，此时保护套的内孔与外圆应有很高的同轴度要求，小凸模露出保护套长度为 2.0～3.5mm。图 1-46g、h 所示的保护套装在卸料板上，保护套除了有高的内、外圆同轴度要求外，卸料板与上模应和下模应具有良好的导向，一般选用高精度的滚珠导柱模架。

2) 直通式非圆凸模。直通式非圆凸模又称为等截面凸模。生产中常用成形磨、坐标磨或线切割加工而成，所以在自动级进模中应用十分广泛，其安装形式如图 1-47 所示。凸模与凸模固定板的配合一般选用 H7/m6、H6/h6 或 H6/m5、H6/h5。

3) 异形压板式固定凸模。图 1-48 所示为异形凸模采用压板式固定的形式，即通过凸模的台阶或槽、压板和螺钉将异形凸模固定。需说明的是，异形凸模与固定板之间的配合采用间隙配合，凸模处于浮动状态，这种方式有利于凸模自然导入卸料板内，凸模与凹模的相对位置靠卸料板和辅助导向装置保证。对于一些冲压力较大，而且有一定的侧向力，还需要经常拆装的凸模，采用压板式安装方便且可靠。拆装或更换凸模时，松开螺钉后凸模很方便取出。此结构在不少高速冲压级进模中被采用。

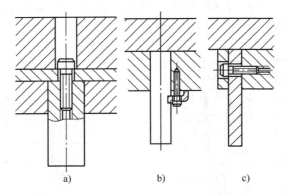

图 1-47 直通式非圆凸模的安装形式

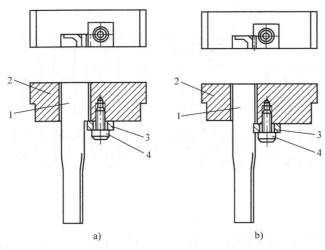

图 1-48 压板式固定凸模
1—凸模 2—凸模固定板 3—压板 4—螺钉

4）硬质合金凸模。为了提高模具寿命，适应自动化作业，凸模（或凹模）常用硬质合金材料制造，其安装方式如图 1-49 所示。

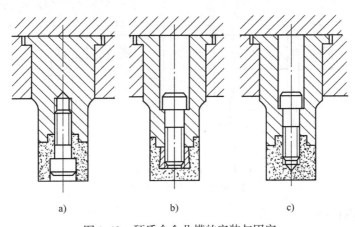

图 1-49 硬质合金凸模的安装与固定

5）护套式凸模。一些冲小孔的圆凸模，大多数直径在 2mm 以下，为了提高其强度，往往对其采取多种形式的保护措施，如图 1-50 所示。

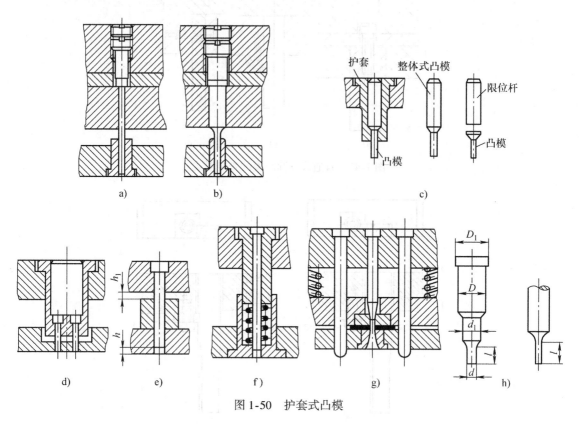

图 1-50 护套式凸模

（2）凸模结构及固定典型实例 典型的凸模结构及固定方法如图 1-51 和图 1-52 所示。

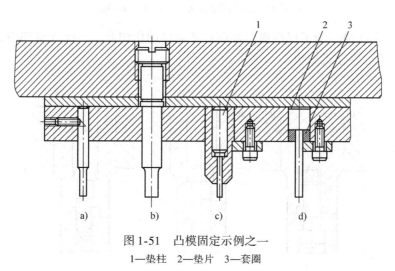

图 1-51 凸模固定示例之一
1—垫柱 2—垫片 3—套圈

（3）确定凸模长度

1）级进模凸模长度确定需要考虑的因素。

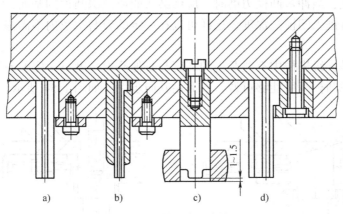

图1-52 凸模固定示例之二

① 凸模高度差量。纯冲裁级进模的上模只安装有冲裁凸模，其长度基本上都一致，而弯曲或拉深级进模的上模，安装有多种作用的凸模，如冲裁凸模、弯曲凸模或拉深凸模等，还有一定数量的定位件，如导正销及斜楔等模具零件。这些凸模和定位件有的不是同一时间工作，有的因冲压性质和冲压工艺的要求，其长度需要有长有短，不能设计成一个长度，特别是压弯成形凸模、拉深凸模的长度要求很严。它们的工作顺序一般是先定位，冲切余料，然后开始压弯或拉深工作，往往要经过多次，最后进行冲裁（一般是落料，将制件从载体上分离）。一般情况下，各凸模长度均有一定值，相互关系或长短差值根据不同情况而定。图1-53所示为冲裁、弯曲凸模和导正销的相互高度关系，图中 L 为弯曲模工作长度；t 为板料厚度；H 为卸料板的活动量，$H = L + t$；M 为导正销工作部分进入条料的长度，$M = H + (0.5 \sim 1)t$；S 为冲裁凸模进入凹模的深度。

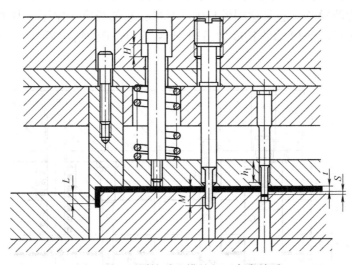

图1-53 不同性质凸模的相互高度关系

② 冲裁凸模刃磨对于其他成形凸模的影响。由于冲裁凸模经常需要刃磨，而且刃磨时常常将妨碍进行刃磨的弯曲或拉深凸模、导正销等零件卸下，在设计模具结构时，不但要考虑这些零件的拆卸方便、安装迅速和精度的保证，还要考虑冲裁凸模刃磨后对其他凸模相对

长度的影响。为此,当冲裁凸模刃磨时,应修磨弯曲或拉深凸模的基面,或者设计时适当增加冲裁凸模工作时进入凹模的深度,这样可以在一定的刃磨次数内不需修磨弯曲或拉深凸模的安装基面。

必须注意的是:级进模中有些凸模的高度与其他凸模高度有一定的差量,有时甚至要求很严,此时应考虑凸模高度能够可调,以满足其同步性,如图1-54所示。

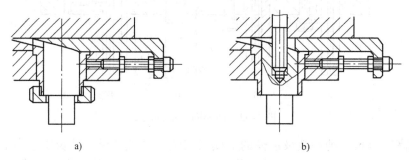

图1-54 凸模高度的可调装置

2) 凸模长度的确定。

① 较大断面凸模工作部分长度的计算。对于较大断面的凸模,其工作长度由制件料厚和模具结构大小等因素确定,计算方法与普通冲模一致,此处不再赘述。

一般情况下,在同一副模具中应确定一个基准凸模的工作长度,基准长度为35mm、40mm、45mm、…、65mm,其他凸模按基准长度计算。凸模工作部分基准长度由制件料厚和模具结构大小等因素确定。在满足多种凸模结构的前提下,基准长度力求最小。

图1-55所示为在闭合状况下冲裁、弯曲凸模长度关系的一个示例。从图中可以看出,最短的凸模为压弯凸模②,它是这副模具中的基准,它的长度确定了,其他凸模可以根据各自的实际需要,按压弯凸模②的长度做适当调整。从图示的情况看,其他凸模的长度均应增加。

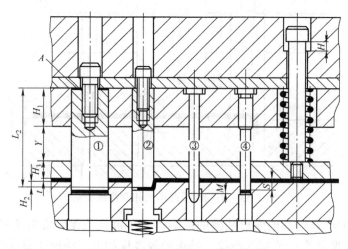

图1-55 同性质凸模长度关系示例

凸模②的长度由下式计算确定

$$L_2 = H_1 + H_2 + H_3 + t + Y \tag{1-13}$$

式中　L_2——凸模②的长度；

　　　H_1——凸模固定板的厚度；

　　　H_2——凸模进入凹模的深度；

　　　H_3——卸料板的厚度；

　　　t——制件材料的厚度；

　　　Y——凸模固定板与卸料板之间的安全距离，取 15～20mm。

一般情况下，凸模的长度尽量取整数，并且符合标准长度，取短不取长，这对强度有利，通常在 35～65mm 之间。凸模①和凸模④的长度应在凸模②长度的基础上增加，增加量应是足够的刃磨总量。而导正销③的长度应是最长，它在所有凸模工作之前，应首先导入材料，将料导正，然后各凸模才可进入工作状态。导正销的长度应在凸模①长度的基础上至少再增加 (0.8～1.5)t。图 1-55 中的 H 为卸料板的活动量，$H = H_2 + t$；S 为冲孔凸模进入凹模的深度；M 为导正销的直壁部分进入条料的长度，$M = H + (0.5～1)t$；A 为假想垫圈。当凸模①刃磨多次后如果长度不够，可以通过加垫圈 A 得以补偿。

② 细小凸模长度的确定。自动级进模中细小凸模居多，为了提高细小凸模的强度和刚度，应尽量减少凸模长度。凸模的工作长度 L_1 为

$$L_1 = k(刃磨量 + 卸料板的厚度 + 制件料厚 + 凸模进入凹模的深度) \tag{1-14}$$

式中　k——安全系数，取 1.15～1.3。

当 $L > L_1$ 时，取 L_1（L 为按强度计算的最大长度）。

当 $L < L_1$ 时，尽量取 L，但需采取保护，或者在卸料板上扩大孔径，以满足要求。

3. 凹模设计

凹模的典型结构有整体式凹模、镶套式凹模、拼合型孔凹模、分段拼合凹模、综合拼合凹模等。除整体式凹模外，其他凹模可统称为镶拼式凹模。

1) 整体式凹模（图 1-56）。整体式凹模的结构特点是凹模的易损部分和非易损部分组成一体，用一整块板料制成。当凹模局部损坏时，须整体凹模更换，但因设计和制造、装配方便，故在工位数不多的级进模或在纯冲裁的级进模中仍被常常使用。

2) 镶套式凹模（图 1-57）。镶套式凹模常常用于不宜采用整体式凹模的场合，其结构特点是将凹模的易损部分与非易损部分分开，凹模型孔采用独立的镶套式结构。凹模局部损坏时，可以局部刃磨或更换，而且更换不影响定位基准，易损件定位可靠，互换性好，装拆快；此外，易损件可用优质材料制造，非易损部分可用普通钢材制造。

图 1-58 所示为圆形凹模镶件举例。标准圆形凹模镶件尺寸设计参见表 1-13。镶件凹模孔口参数设计参考值见表 1-14。

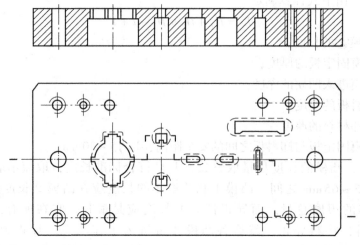

图 1-56 整体式凹模

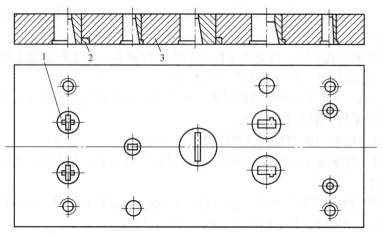

图 1-57 镶套式凹模
1—镶件 2—防转键 3—凹模固定板

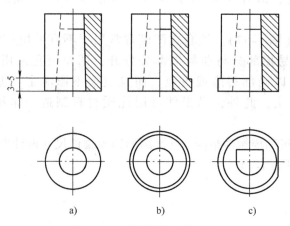

图 1-58 圆形凹模镶件举例

表 1-13　标准圆形凹模镶件尺寸设计　　　　　　　　　　　（单位：mm）

图例	材料厚度 t	尺寸选取					
		d	D	D_1	H	h	H_1
	<2	1~2	8	$D+(3~5)$	14	≤3	3
	>2~15	12~25			16~24	≥3~8	3~6

表 1-14　镶件凹模孔口参数设计参考值

材料厚度 t/mm	刃口高度 h/mm	漏料孔斜度 β	斜刃口角度 α
≤0.5	≥3	2°~3°	10′~15′
>0.5~1.0	>4~7		15′~20′
>1.0~2.0	>6~10		20′~30′
>2.0~4.0	>7~12		45′~1°

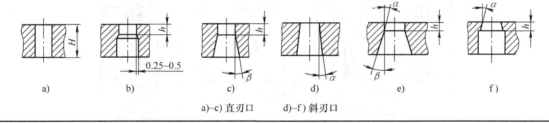

a)~c) 直刃口　　d)~f) 斜刃口

3）拼合型孔凹模（图 1-59）。拼合型孔凹模是指个别凹模型孔由几个小段拼合而成。采用拼合结构，凹模的型孔可以获得较高的加工精度，因此拼合型孔凹模主要用于型孔大而复杂的场合。

当某些异形凹模较难加工时，采用拼合型孔凹模可以变难加工的内形加工为外形加工。如图 1-59 所示，凹模包含 2 个宽度只有 0.14mm 的半圆形型孔，1 个带齿形的圆弧形型孔，另一侧还有两个非常近的异形孔。如不采用镶拼结构，就无法加工。若将其分解成 3 个拼块后，变内形加工为外形加工，可采用精密成形磨削、光学曲线磨削等精加工，既解决了异形孔的难加工问题，又保证了加工精度。

4）分段拼合凹模（图 1-60）。在级进模中，对于大一点的凹模，为便于加工，也为了提高各工位孔的位置精度，常采用分段拼合凹模结构。它是将凹模分为若干段，分别将每一段加工成一定尺寸，然后再将各段凹模的结合面研合后组合在一起并固定在下模内。固定方法有多种，图 1-60 所示为将拼块组合后嵌入到预先加工好的凹模固定板的方框内，凹模由件 1、2、3 拼合而成，然后固定到凹模固定板 4 内（一般采用 H7/m6 过渡配合），并在底

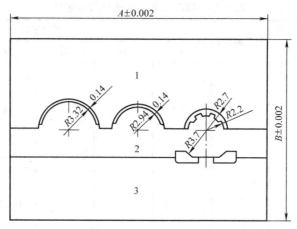

图 1-59 拼合型孔凹模

面加装淬硬的垫板。这种固定方法比较稳定、可靠,强度也好,承载力比较大,但装拆不方便。

分段凹模的外形尺寸,一般是在先加工好该段上工作型孔尺寸后,再以内孔为基准进行加工,并留研磨量,最后通过研合装配达到高精度的质量要求。

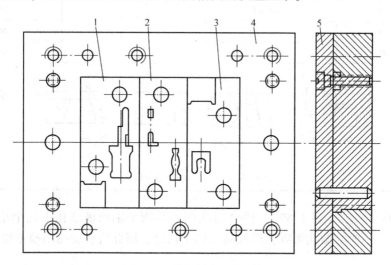

图 1-60 分段拼合凹模示例
1、2、3—拼块 4—凹模固定板 5—垫板

目前生产中,凹模组件常用两种组配方法。第一种组配方法首先在一模块上分别加工(常用线切割)出一个或几个封闭形状的凹模刃口,作为凹模组件,然后将这些凹模组件按要求的位置关系装配在凹模容框内,这种方法称为拼合组配法。另一种组配方法为成形磨削组配法,它充分利用成形磨削工艺,即用高精度的光学坐标成形磨床、程序控制成形磨床、高精度平面磨床、高精度工具磨床等加工各模块的外形,由这些模块的外形组成各冲切工位的凹模刃口(即将凹模刃口的内形加工变为各模块的外形加工),加工好的模块也按一定的位置要求装在容框内。成形磨削组配法制造方便,加工精度高,无论是型孔尺寸还是孔距都十分精确,且模具使用寿命也长,这种组配方法在生产中应用广泛。

二、相关实践知识

1. 凸模设计

（1）冲中间轴孔的凸模设计　由于是冲制圆孔，凸模的结构选择阶梯式圆凸模，采用台肩固定，与固定板连接采用H7/m6过渡配合。凸模的长度L=凸固板厚度+卸料板厚度+h（取10~15mm）=20mm+25mm+10mm=55mm。

刃口部分尺寸根据孔径计算，根据磨损规律，取公差范围内较大尺寸。冲中间轴孔凸模的结构及相关尺寸如图1-61所示。

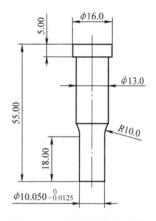

图1-61　冲中间轴孔凸模

（2）冲槽孔凸模　凸模为异形，凸模形式为直通式，便于加工。在距离凸模固定端面20mm处侧面开深度为1.3mm、高度为8mm的键槽，采用压板与固定板连接，便于拆卸。凸模的长度与冲轴孔凸模相同，均为55mm。冲槽孔凸模的结构及相关尺寸如图1-62所示。

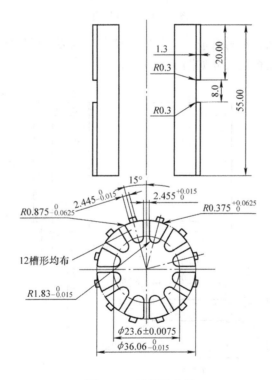

图1-62　冲槽孔凸模

（3）落料凸模设计　落料凸模直径的公称尺寸为ϕ37mm，尺寸较大，结构设计为直通式，与固定板采用螺钉连接，维修时拆装方便，且更容易保证凸模、凹模间的间隙。落料凸模的结构及相关尺寸如图1-63所示。

（4）侧刃凸模设计　选择切口前有导向的侧刃形式，侧刃凸模的工作断面为带齿的成

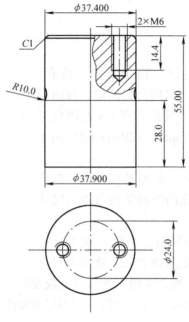

图 1-63 落料凸模

形侧刃，和矩形侧刃相比，不易磨损，定距精度较高。侧刃凸模固定端采用凸台吊装在固定板上。侧刃凸模的结构及相关尺寸如图 1-64 所示。

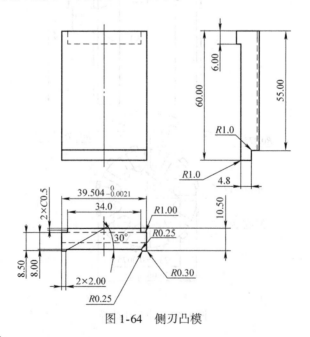

图 1-64 侧刃凸模

2. 凹模镶块设计

总体来说，为了便于凹模的维修和更换，提高模具使用寿命，所有的凹模均采用独立的镶块，压入凹模固定板中。每个镶块设计的关键点是凹模壁厚的设计、凹模孔口设计、凹模外形结构以及与凹模固定板的连接方式。镶块的高度等于凹模固定板的厚度，取 30mm。

(1) 冲中间轴孔凹模镶块设计　该凹模为圆形凹模镶块，外形为圆形，镶块壁厚取 5mm，可以保证凹模强度，刃口高度取 5mm。凹模刃口尺寸以冲孔凸模为基准，再加上间隙值。冲中间轴孔凹模的结构及相关尺寸如图 1-65 所示。

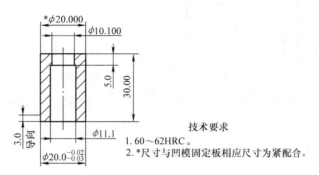

图 1-65　冲中间轴孔凹模

(2) 冲槽形凹模镶块设计　该凹模设计的关键点除了凹模镶块壁厚的选择外，还有凹模防转结构和冲槽废料的顺利排出。考虑凹模的强度要求，凹模镶块外形尺寸为 $\phi51.8$mm，凹模外形两侧采用 $\phi6$mm 的防转销止转，凹模排料孔设计成带有锥度的孔口，便于冲孔废料排出。另外，凹模采用线切割加工，穿丝孔直径为 $\phi2.0$mm。冲槽形凹模的结构及相关尺寸如图 1-66 所示。

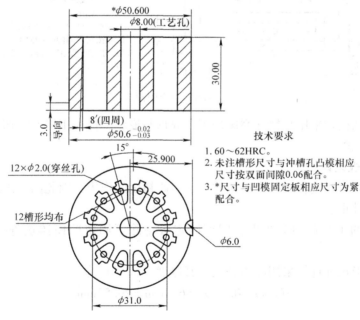

图 1-66　冲槽形凹模

(3) 落料凹模镶块设计　落料凹模外形为圆形，考虑镶块壁厚取凹模外形公称尺寸为 $\phi50$mm。排料孔与刃口部分尺寸沿周向单面增加 0.5mm。落料凹模的结构及相关尺寸如图 1-67 所示。

(4) 侧刃凹模镶块设计　侧刃凹模的外形简化为矩形，凹模漏料孔设计成锥度，便于

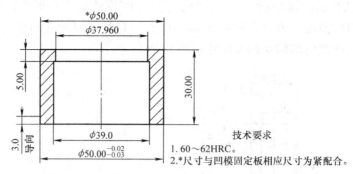

图 1-67 落料凹模

废料排出,其结构及相关尺寸如图 1-68 所示。

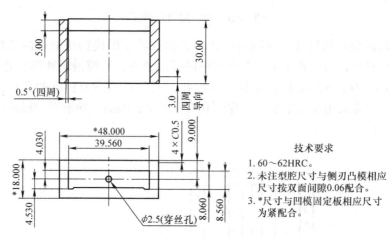

图 1-68 侧刃凹模

圆形凸模、凹模均采用高精度磨床加工,异形凸模和凹模采用慢丝线切割加工,损坏后更换容易,便于装配。

3. 凹模固定板设计

凹模固定板起到固定各个凹模镶块并保证步距精度的作用,因此凹模固定板的外形设计和材料选择是设计重点。

凹模固定板的水平截面为矩形,凹模固定板中除了固定凹模镶块外,还需要安装内导套。

凹模板的外形尺寸计算采用经验公式,其厚度(高度)为

$$H = kb = 0.15 \times 196.8 \text{mm} = 29.52 \text{mm}$$

取 $H = 30 \text{mm}$。

凹模固定板的长度为 $L = (196.8 + 5 \times 2 + 60 \times 2) \text{mm} = 326.8 \text{mm}$,取 $L = 330 \text{mm}$。

凹模固定板的宽度为 $B = B_{料宽} + 2c = 44 \text{mm} + 2 \times (1.5 \sim 2) H = 134 \sim 164 \text{mm}$,取 $B = 135 \text{mm}$。其中 5mm 为镶块壁厚。

凹模固定板零件图如图 1-69 所示。

各模板厚度尺寸设计见表 1-15。

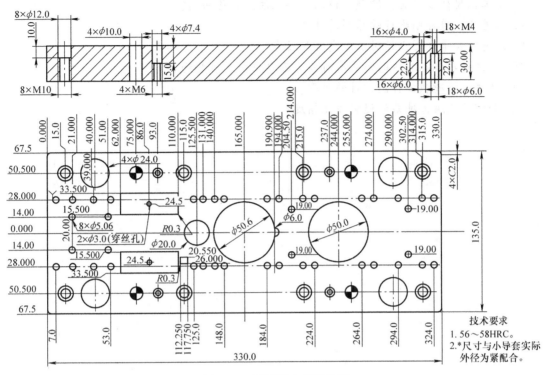

图 1-69 凹模固定板零件图

表 1-15 各模板厚度尺寸设计

模板名称	模板厚度/mm	估算方法
下模座板	50	按压力机送料高度、凹模厚度和下模垫板厚度综合确定
上、下模垫板	20	冲裁力较小时,取 8~10mm；冲孔较多时,取 17~20mm
凹模固定板	30	$H_{凹固板} = kb$（已计算）
卸料板	25	$H_{卸料板} = (0.8~1.0)H_{凹}$
凸模固定板	20	$H_{凸固板} = (0.6~0.8)H_{凹}$
上模座板	40	$(1.5~2)H_{凹固板}$，按模具闭合高度尺寸综合确定

思 考 题 一

1. 什么是级进模？级进模有哪些特点？
2. 级进模有哪些种类？
3. 冲压件采用级进模应符合哪些条件？
4. 级进模对冲压设备有哪些要求？
5. 级进模对冲裁件有什么要求？对冲裁件的材料有哪些要求？
6. 试述级进模的设计步骤。

7. 多工位排样设计时，冲裁工位的安排应注意哪些问题？
8. 级进冲裁排样图设计的原则是什么？
9. 级进冲裁排样图设计时应考虑哪些因素？
10. 什么是载体？载体的形式有哪些？各自应用于哪些场合？
11. 试述级进冲裁排样图设计的步骤。
12. 如何确定级进冲裁的送料步距精度？

项目二　汽车电动机支架弯曲级进模设计

【教学目标】

1. 掌握弯曲级进模总体方案的确定方法。
2. 掌握级进弯曲排样图的设计方法。
3. 掌握弯曲级进模常用的典型结构。
4. 掌握弯曲级进模标准件的选用方法。

【工作任务】

根据图2-1所示汽车上某电动机的支架产品图，完成下列任务：

1. 确定合理的弯曲级进模总体方案。
2. 设计合理的级进弯曲排样图。
3. 绘制弯曲级进模总装图和主要零件图。

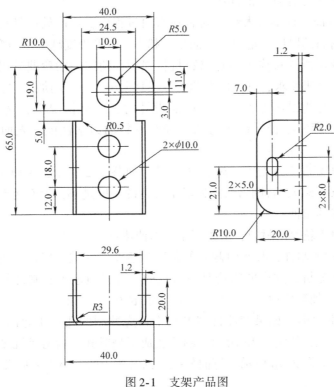

图2-1　支架产品图

任务一　支架冲压工艺分析与总体冲压方案的确定

【教学目标】
1. 掌握弯曲件的结构工艺性，能进行冲压工艺分析。
2. 合理确定弯曲件的冲压工艺方案。

【工作任务】
根据图2-1所示支架产品图，分析弯曲件的结构特点和冲压工艺要求，并选择合理的弯曲冲压工艺方案。

一、相关理论知识

级进弯曲是指弯曲件采用级进模在多个工位上分步弯曲成形的一种冲压方法。由于在冲压过程中，制件始终位于长长的条料上，所以级进弯曲除了遵守多道单工序弯曲变形的规律之外，其弯曲工序往往比单工序要增加一些，使级进模的结构变得较为复杂。

级进弯曲一般由冲裁工序和弯曲工序组成。冲裁工序在开始的几个和最后的工位，弯曲工序在中间各工位。在级进弯曲过程中，冲裁工序用于切除弯曲件展开外形之外的多余材料、加工必要的载体和供定距用的导正孔、弯曲后冲孔和分离制件等。

1. 级进弯曲的工艺性需注意的问题

(1) 弯曲处的弯曲半径不宜太小　材料在弯曲过程中，弯曲处的外层材料受拉伸，内层材料受压缩，当材料的厚度一定时，弯曲半径越小，变形程度越大。当弯曲半径小到一定数值时，由于材料外层所受拉应力超过材料抗拉强度，使制件的弯曲处出现裂纹，甚至开裂。因此，从弯曲工艺来要求，制件的弯曲半径不宜太小。在弯曲加工中，不产生弯曲裂纹的弯曲半径最小值，称为最小弯曲半径。产品设计时，一般情况下，选用较大的弯曲半径，尽可能不用最小弯曲半径。最小弯曲半径与材料的力学性能、表面质量、轧制纹向等因素有关。

(2) 弯曲件直边高度不宜太短　对于90°弯曲，如图2-2所示，为便于弯曲，直边高度H不宜过小，一般取$H>2t$，否则弯边在模具上支持的长度过小，没有足够的弯曲力矩，很难弯曲得到形状正确的制件。

当$H<2t$时，对于较厚的材料，应先压槽再弯曲成形。

对于图2-3a所示的制件，其弯曲侧面的斜边到达变形区域，斜边末端没有直边，难以弯曲成形，从工艺性分析，这样的结构是不合理的。可以通过改变制件的形状满足工艺要求，如图2-3b所示，加高弯边尺寸。侧边高度一般取$H=(2\sim4)t$。

(3) 孔边距不能太小　如果弯曲件展开料上预先冲制的孔处于弯曲变形区，弯曲时，孔的形状将会发生变化，如图2-4a所示，圆孔变成了喇叭孔。为避免孔变形，弯曲边到孔边的距离不宜太小，如图2-4b所示。弯曲件孔壁到弯曲边的最小距离见表2-1。

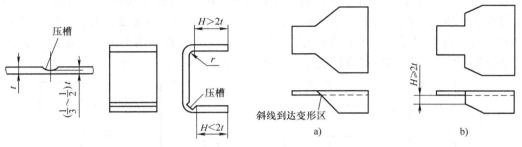

图 2-2 弯曲件的直边高度　　　　　图 2-3 加高弯边尺寸

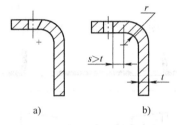

图 2-4 弯曲件的孔边距离

表 2-1 弯曲件孔壁到弯曲边的最小距离　　　　　　　　　　　　（单位：mm）

圆孔壁到弯曲边		长圆孔壁到弯曲边	
t	s	t	s
≤2	≥$t+r$	≤25	≤$2t+r$
>2	≥$1.5t+r$	>25~50	≤$2.5t+r$
		>50	≤$3t+r$

当弯曲线距孔边距离过小，而弯曲件的结构又允许时，可先在弯曲线上冲出工艺孔（月牙孔、长方孔、圆孔或把圆孔改成长圆孔），如图 2-5 所示，以转移变形区域，保证孔形的正确。图 2-5 中的剖面线部分为工艺孔位置。

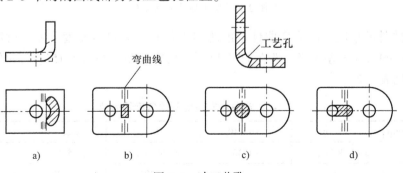

图 2-5 冲工艺孔

(4) 带切口弯小脚的制件 在厚料上切口弯小脚时,为便于切弯,应预先冲出工艺槽孔,如图2-6所示。图中的工艺槽宽 $K>t$,工艺槽的深度 $T=t+K/2$,工艺孔的直径 $d>t$。在薄料上切口弯小脚时,往往不设工艺槽,切口、压弯合并在一道工序内完成。为便于切弯后小脚从凹模中推出,切口可设计成带有斜度的形式,如图2-7所示。

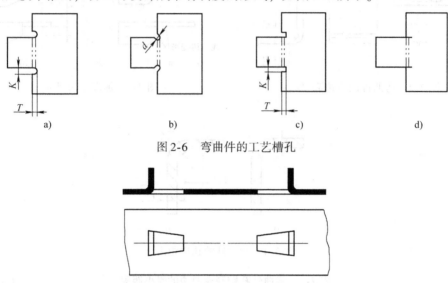

图 2-6 弯曲件的工艺槽孔

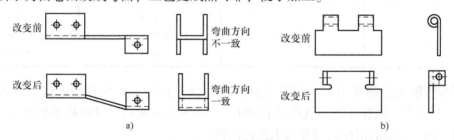

图 2-7 弯曲件的工艺切口

(5) 弯曲件几何形状的改变 一般将弯曲件设计成对称状,目的是防止弯曲变形时因坯料受力不均发生滑动而产生偏移。如果弯曲件结构不对称,一般采用增加工艺定位孔的方法。此外,在满足相同性能要求的前提下,尽可能使制件便于加工。图2-8所示为改变制件形状结构的例子。图2-8a所示为改变后使弯曲方向一致,模具结构简单,便于制造;图2-8b所示为由卷圆改成弯曲,工艺更成熟可靠,便于加工。

图 2-8 改变制件形状结构

(6) 弯曲件的精度 影响弯曲件精度的因素很多,如材料厚度公差、材质、回弹、偏移等。弯曲件的尺寸公差等级一般在IT13以下,角度公差最好大于15′。弯曲件未注公差的角度偏差值见表2-2。

表 2-2 弯曲件未注公差的角度偏差值

弯角短边尺寸/mm	>1~6	>6~10	>10~25	>25~63	>63~160
经济级	±(1°30′~3°)	±1°30′	±(50′~2°)	±(50′~2°)	±(25′~1°)
精密级	±1°	±1°	±30′	±30′	±20′

2. 弯曲变形过程

（1）弯曲及弯曲模基本概念　弯曲作为典型的冲压成形工序之一，在冲压生产中应用很广。图 2-9 所示为常见的 V 形弯曲件举例。弯曲所用的模具称为弯曲模，图 2-10 所示为典型的 V 形件弯曲模。

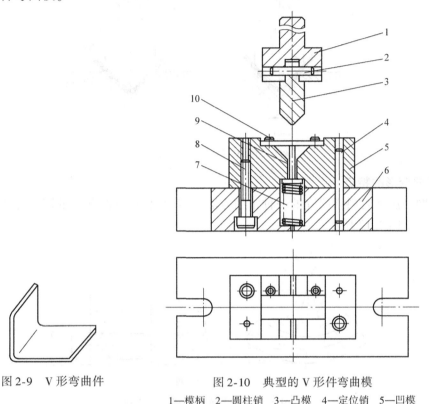

图 2-9　V 形弯曲件　　　　　图 2-10　典型的 V 形件弯曲模
1—模柄　2—圆柱销　3—凸模　4—定位销　5—凹模
6—下模座　7—弹簧　8—螺钉　9—顶杆　10—挡料销

（2）弯曲变形过程分析　以 V 形件的弯曲为例，其弯曲过程如图 2-11 所示。在开始弯曲时，坯料的弯曲内侧半径大于凸模的圆角半径。随着凸模的下压，坯料的直边与凹模 V 形表面逐渐靠紧，弯曲内侧半径逐渐减小，即 $r_0 > r_1 > r_2 > r$，同时弯曲力臂也逐渐减小，即 $l_0 > l_1 > l_2 > l_k$。当凸模、坯料与凹模三者完全压合，坯料的内侧弯曲半径及弯曲力臂达到最小时，弯曲过程结束。随着变形程度增加，表现为弯曲半径和弯曲中心角的变化（减小）。

在此，需要强调两个基本概念：

1）校正弯曲：为了减小弯曲后工件的弹性回复（弯曲回弹），当凸模、坯料与凹模三者完全吻合后，对坯料继续施加压力，进一步增加其塑性变形，则称这样的弯曲为校正弯曲。

2）自由弯曲：当凸模、坯料与凹模三者完全吻合后，凸模即回程，不对坯料继续施加压力，这样的弯曲称为自由弯曲。自由弯曲时，制件回弹较大，会大大降低制件的形状和尺寸精度。

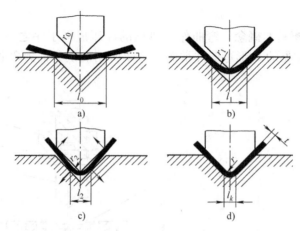

图2-11　V形件弯曲过程示意图

3. 弯曲变形的特点

通过网格法（材料学研究的一种常用方法），观察坯料弯曲前后的网格变化情况来分析变形特点，如图2-12所示。

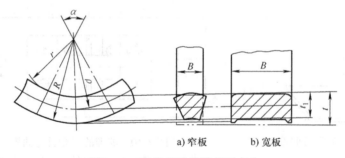

图2-12　弯曲变形区横截面变化

1）弯曲变形主要发生在弯曲带中心角范围内，网格由矩形变成扇形；中心角以外基本上不变形，网格几乎未发生改变。

2）靠近凹模的外侧扇形被拉长，靠近凸模的内侧扇形被压短，说明在长度方向上内侧材料受压，外侧材料受拉。在缩短和伸长的两个变形区之间，必然有一层金属，它的长度在变形前后没有变化，这层金属被称为中性层。理解中性层的基本概念，对于计算小变形弯曲件坯料尺寸很有帮助。

3）在弯曲过程中，弯曲区坯料变薄，弯曲件长度增加，中性层内移。由于内层长度方向缩短，因此厚度应增加，但由于凸模紧压坯料，厚度方向增加不易。外层长度伸长，厚度要变薄。因为增厚量小于变薄量，因此材料厚度在弯曲变形区内有变薄现象，从而使在弹性变形时位于坯料厚度中间的中性层发生内移。弯曲变形程度越大，弯曲区变薄越严重，中性层的内移量越大。值得注意的是，弯曲时的厚度变薄不仅会影响制件的质量，而且在多数情况下会导致弯曲区长度的增加。

4）宽板（坯料宽度与厚度之比 $B/t>3$）弯曲时，材料在宽度方向的变形会受到相邻金属的限制，横断面几乎不变，基本保持为矩形；窄板（$B/t \leqslant 3$）弯曲时，宽度方向变形几乎不受约束，断面变成了内宽外窄的扇形，如图2-12a所示。当弯曲件的侧面尺寸有一定要

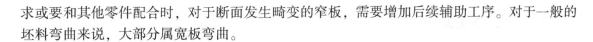

求或要和其他零件配合时,对于断面发生畸变的窄板,需要增加后续辅助工序。对于一般的坯料弯曲来说,大部分属宽板弯曲。

二、相关实践知识

1. 冲压工艺分析

弯曲件工艺分析就是指弯曲件的设计必须满足在使用要求的同时,考虑弯曲工艺的可行性和合理性。因为级进弯曲是采用在多个工位上分步弯曲成形的一种冲压方法,对弯曲件工艺性影响最大的除弯曲半径外,还有弯曲件的几何形状、材料及尺寸精度等,如果弯曲件有不符合弯曲工艺要求之处,应与弯曲产品设计人员联系,提出修改意见。

(1)材料分析 本弯曲件(支架)使用材料为 08 钢,此材料为优质碳素结构钢,具有良好的成形性能,强度、硬度很低,而塑性、韧性极高,具有良好的冷变形性和焊接性;正火后切削加工性尚可,退火后磁导率较高,剩磁较少,但淬透性、淬硬性极低。这种材料的塑性很好,主要用来制造冷冲压的成形件。

(2)结构工艺性分析 支架为小型 U 字形弯曲结构零件,弯曲角度是两边 90°对称弯曲,制件上有 2 个 ϕ10mm 孔和 3 个腰形孔,弯曲件结构不是太复杂。

(3)精度分析 产品图样未注公差,因此公差等级可按 IT14 考虑,精度较低,普通弯曲可以满足其精度要求。需注意的是 90°翻边一次弯曲可能有回弹,需要增加整形工序。

2. 冲压工艺方案的确定

根据冲压工艺工序分类原则,该弯曲产品的冲压有落料、冲孔和弯曲 3 道冲压工序,按其先后顺序组合可以有以下 3 种冲压方案。

方案一:先落料,再冲孔,最后弯曲,采用 3 副单工序模具来完成。

方案二:冲孔和落料采用一副复合模,最后弯曲,需采用 2 副模具来完成。

方案三:冲孔、切边、弯曲和落料连续冲压,采用 1 副级进模来完成。

由于弯曲件是两边 90°翻边,考虑到冲压时弯曲力的平衡和大批量生产的需要,所以采用方案三。

任务二 支架级进弯曲排样图设计

【教学目标】

1. 掌握级进弯曲的排样类型。
2. 根据一般弯曲件结构产品图,能够进行级进弯曲排样图的设计。
3. 能合理选择级进弯曲的排样方法。

【工作任务】

根据支架产品图(图 2-1),以及弯曲件的结构特点和技术要求,选择合理的排样方法。

一、相关理论知识

1. 排样设计的原则

1）尽量提高材料利用率。

2）合理确定工位数,在不影响凹模强度的前提下,工位数越少越好,以减少累计误差。

3）导正销直径尽量大,使工作更为可靠;尽量采用间接导正。

4）对于形状复杂的制件,需要进行刃口分解,经分段冲切成形。

5）制件上孔位置精度要求较高时,尽量在同一工位冲出,若无法安排在同一工位上时,可安排在相近工位上冲出,如图2-13所示。

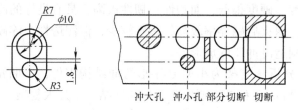

图 2-13 冲孔工序安排

凹模上冲切轮廓之间的距离不应小于凸、凹模的最小允许壁厚,一般取为 $2.5t$ (t 为制件材料厚度),但最小要大于2mm。否则,就需安排空工位。

6）级进弯曲工序排样的基本原则为先冲孔,再逐步完成外形的弯曲,最后切断或落料。但当制件上孔到边缘距离较小,而孔的精度要求又较高时,应分在两个不同工位冲出,先冲外缘,再冲内孔,如图2-14所示。

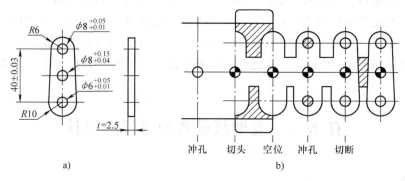

图 2-14 孔边距较小时的冲切顺序

7）空工位设置原则。当条料送到空工位时,在该工位不进行任何加工,随着条料的送进,再进入下一工位。空工位有如下作用:可以保证凹模、卸料板、凸模固定板有足够的强度,确保模具的使用寿命;使模具中有足够的空间设置特殊结构;做必要的储备工位,便于试模时调整工序(如弯曲和拉深工位的储备,如图2-15所示);有时设置空工位是为了提高凹模强度或调整压力中心。

一般情况下,对于精度高、形状复杂的制件,在设计排样图时,应少设置空工位,特别是步距大于16mm时,步距积累误差较大,会降低制件精度。

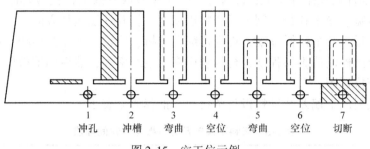

图 2-15 空工位示例

8）确定导正孔位置时应遵循以下原则。

① 第 1 工位冲制出导正孔，第 2 工位及以后每隔 2~4 个工位在相应位置设置导正销，重要工位之前一定要设置导正销。

② 导正孔尽量设置在废料上；导正孔直径尽量大，一般为料厚的 3~4 倍，可提高定距稳定性。

③ 制件上有孔时，可作为导正孔，但不能用高精度孔作为导正孔。也可以用过渡孔作为导正孔，在最后切除载体前，将孔冲制到制件上的尺寸及精度，如图 2-16 所示。

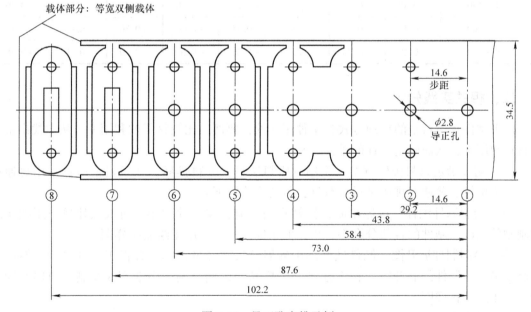

图 2-16 导正孔安排示例

2. 绘制排样图

当初步确定排样方案后，就可以绘制排样图了，一般步骤如下。

1）首先画一条水平线，根据步距，绘出各工位的中心线。

2）从第 1 工位开始，绘制冲压加工内容，一般都是冲导正孔或侧刃切去料边。

3）再绘制第 2、第 3 等工位，最后一步落料时，绘出落料外形。每个工作内容画上剖面线或以不同颜色表示。

4）检查无漏冲后在排样图上标注尺寸、工位序号或有效工位代号。需要标注的尺寸有搭边、步距、料宽、导正孔径、侧刃所切料边宽度等，并标注送料方向。

通常，需要设计几个排样方案，再进行综合分析、比较，如模具体积大小、模具结构复杂程度、型孔及凸模制造难易程度、材料利用率、生产率等，然后归纳得出最佳方案，作为本制件的级进模排样图。

级进模用条料的下偏差及导料板与条料间隙推荐值见表2-3。

表2-3 条料下偏差及导料板与条料间隙值 （单位：mm）

条料宽度 B	条料厚度							
	≤0.3		>0.3~0.5		>0.5~1.0		>1.0~1.5	
	条料允许偏差	间隙	条料允许偏差	间隙	条料允许偏差	间隙	条料允许偏差	间隙
≤30	-0.20	+0.10	-0.30	+0.15	-0.30	+0.15	-0.40	+0.20
>30~50	-0.30	+0.10	-0.30	+0.15	-0.40	+0.20	-0.40	+0.25
>50~80	-0.30	+0.15	-0.40	+0.20	-0.40	+0.20	-0.50	+0.25
>80~120	-0.40	+0.15	-0.40	+0.20	-0.50	+0.25	-0.50	+0.30
>120~150	-0.40	+0.20	-0.50	+0.25	-0.50	+0.25	-0.60	+0.30
>150~200	-0.50	+0.20	-0.50	+0.25	-0.60	+0.30	-0.60	+0.35
>200~250	-0.50	+0.25	-0.50	+0.30	-0.60	+0.30	-0.70	+0.35

二、相关实践知识

由于制件在条料上的排列方式是多种多样的，要逐一比较材料的利用率，从中找出最大的材料利用率，从而确定最佳的排样方案。

（1）初步确定条料排样方案 采用有废料还是少废料排样，在条料上布置采用普通单排、对头单排、普通双排还是对头双排，需初步确定下来。

（2）绘制制件图样 按原来制件图样重新绘制，如制件太小，可放大比例。用细实线绘制制件轮廓。制件的各部分全部绘出，但不标注尺寸，用于绘制排样图。

（3）绘制制件展开图 制件展开图中的展开尺寸经过计算，并做工艺性试验，然后进行修正确定。制件的展开图应按上述制件图样同一比例绘制，用细实线绘制。同样不标尺寸，用于绘制排样图。

（4）绘制排样图

1）绘制排样基准线。根据已绘制的制件图样、展开图的形状、特点，按已初步确定的排样方案定出排样基准线。

2）确定步距尺寸。以排样基准线为基准，在排样图上绘制件展开图形，这样可确定步距尺寸。在每个制件展开图上反映出切除的余料形状，从而确定冲裁每段型孔的形状和具体尺寸。各段间搭接后冲出轮廓要光滑连接。

3) 进行工序分解及有关的工艺计算。分析制件图样，对弯曲、拉深等其他成形加工进行工序分解，分解后确定各工位的加工内容和工位数。拉深工艺需确定拉深次数、每次的拉深直径、拉深高度和圆角半径等。

4) 按工位次序和各工位加工内容，用米格纸绘出各工位型孔，考虑凸模、凹模安装或凹模强度留有必要的空工位。

5) 设计载体，并确定导正孔数量、直径和在条料上的位置，确定侧刃数量和位置，从而确定条料宽度。

6) 在绘制条料排样图后要检查是否有漏冲部位，即能否获得一个完好的制件。其方法是各工位加工的型孔或加工项目用阴影线或涂色（红或黑）表示。

检查无漏冲后在排样图上标注尺寸、工位序号或有效工位代号。

标注的尺寸包括条料宽度及公差、步距基本尺寸、载体宽度、导正孔直径等。

(5) 方案比较　按上述方法获得不同的排样方案，进行综合分析、比较，如模具体积大小、模具结构复杂程度、型孔及凸模制造难易程度、材料利用率、生产率等，然后归纳得出最佳方案，作为本制件的级进模排样图。

由于排样的目的是获得最佳排样图，即制件在条料上的最佳布置，寻找最大的材料利用率。但往往会出现材料利用率高的方案又不是最佳方案的情况。因为材料利用率受条料宽度、步距、模具合理化设计及弯曲线与条料轧制纤维方向的关系等因素的约束。

(6) 绘制排样图　根据提供的支架弯曲件产品图（图2-1），分析冲压件的结构特点和技术要求，排样如图2-17所示。条料设计宽度为69.0mm，步距为72.0mm，排样图设计有5个工位，其冲压过程如下。

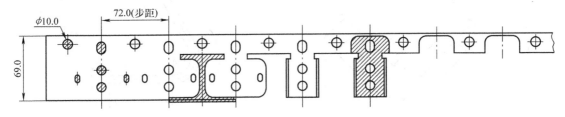

图2-17　支架产品排样图

第1步：冲导正孔。
第2步：冲$2×\phi 10mm$孔、3个长圆形孔。
第3步：冲弯曲外形落料尺寸。
第4步：弯U字形。
第5步：产品落料。

级进模总的设计方案是从条料进入模具，通过5个工步的冲压到制品出来，整个过程都是自动进行的。

任务三　支架级进弯曲工艺计算和冲压设备选择

【教学目标】

1. 掌握级进弯曲的工艺计算方法。

2. 根据一般弯曲件结构产品图，能够进行弯曲工艺计算。
3. 能合理确定弯曲件的回弹值。
4. 掌握弯曲件的弯曲力计算方法和压力中心计算方法，并能选择冲压设备。

【工作任务】

根据支架产品图（图2-1），以及弯曲件的结构特点和技术要求，进行合理工艺计算。

一、相关理论知识

1. 计算坯料尺寸

（1）大弯曲半径（$r > 0.5t$）的弯曲 由于变薄不严重，按中性层（中性层位置见图2-18）展开的原理，坯料总长度应等于弯曲件直线部分和圆弧部分长度之和（图2-19），即

$$L_Z = l_1 + l_2 + \frac{\pi\rho\alpha}{180} = l_1 + l_2 + \frac{\pi\alpha(r+xt)}{180} \tag{2-1}$$

式中　L_Z——坯料展开总长度（mm）；
　　　α——弯曲中心角（°）；
　　　ρ——中性层半径（mm），$\rho = r + xt$；
　　　r——零件的弯曲半径（mm）；
　　　t——材料厚度（mm）；
　　　x——中性层位移系数。

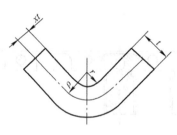

图2-18　中性层位置

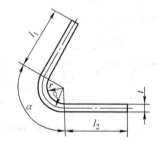

图2-19　$r > 0.5t$ 的弯曲

（2）小弯曲半径（$r < 0.5t$）的弯曲 由于弯曲变形时不仅零件的变形圆角区产生严重变薄，而且与其相邻的直边部分也产生变薄，故应按变形前后体积不变的条件确定坯料长度。通常采用表2-4所列的经验公式计算。

表2-4　$r < 0.5t$ 时坯料尺寸计算公式

简图	计算公式	简图	计算公式
	$L_Z = l_1 + l_2 + 0.4t$		$L_Z = l_1 + l_2 + l_3 + 0.6t$（1次同时弯曲2个角）

(续)

简图	计算公式	简图	计算公式
	$L_Z = l_1 + l_2 - 0.13t$		$L_Z = l_1 + 2l_2 + 2l_3 + t$ （1次同时弯曲4个角） $L_Z = l_1 + 2l_2 + 2l_3 + 1.2t$ （分为2次弯曲4个角）

（3）铰链式弯曲件　对于 $r = (0.6 \sim 3.5)t$ 的铰链件，如图2-20所示，通常采用卷圆的方法成形，在卷圆过程中坯料增厚，中性层外移，其坯料长度 L_Z 可按下式近似计算

$$L_Z = l + 1.5\pi(r + x_1 t) + r \approx l + 5.7r + 4.7x_1 t \qquad (2-2)$$

式中　x_1——铰链件弯曲时中性层的位移系数，见表2-5。

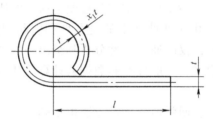

图2-20　铰链式弯曲件

表2-5　卷圆时中性层位移系数 x_1

r/t	>0.5~0.6	>0.6~0.8	>0.8~1	>1~1.2	>1.2~1.5
x_1	0.76	0.73	0.7	0.67	0.64
r/t	>1.5~1.8	>1.8~2	>2~2.2	>2.2	—
x_1	0.61	0.58	0.54	0.5	—

值得注意的是，用上述公式计算时，很多因素没有考虑，因而可能产生较大的误差，所以只能用于形状比较简单、尺寸精度要求不高的弯曲件。对于形状比较复杂或精度要求较高的弯曲件，在利用上述公式初步计算坯料长度后，还需反复试弯，不断修正，才能最后确定坯料的形状和尺寸，故在生产中宜先制造弯曲模，后制造落料模。

2. 弯曲件的回弹值

（1）弯曲回弹现象　常温下的塑性弯曲和其他塑性变形一样，在外力作用下产生的变形由塑性变形和弹性变形两部分组成。当弯曲结束，外力撤除后，塑性变形保存下来，而弹性变形则完全消失，产生了弯曲件的弯曲角度和弯曲半径与模具相应尺寸不一致的现象，这种现象称为弯曲回弹。

弯曲回弹现象的产生是由于卸载时，弯曲变形区将产生与加载方向相反的弹性回复。在切向，外侧材料因回弹而缩短，内侧材料因回弹而伸长。内、外侧方向相反的回弹使弯曲件产生了以中性层为轴的同方向叠加的回弹变形。因此在弯曲变形中，由回弹而引起的制件的形状和尺寸的变化十分显著，比其他任何一种冲压工艺都大得多，对弯曲件的精度产生了较大的不利影响。弯曲回弹的表现形式有以下两个方面。

1) 弯曲半径变化。卸载前，弯曲区的内半径为 r，卸载后，内半径增至 r'，其增量为 $\Delta r = r' - r$。

2) 弯曲角度变化。卸载前，弯曲中心角为 α，卸载后，弯曲中心角为 α'，其减小值为 $\Delta\alpha = \alpha - \alpha'$。

通常，Δr 和 $\Delta\alpha$ 的值大于零，称为正回弹。反之，称为负回弹。多数弯曲件呈现正回弹。

弯曲变形必然伴随着回弹现象，而且回弹对弯曲件的尺寸精度有较大影响。因此，如何控制回弹是弯曲工艺中一个极为重要的问题，同时也是极为棘手的问题。

(2) 影响回弹的主要因素

1) 材料的力学性能。回弹值与材料的力学性能有着密切的关系，与材料的屈服强度 R_{eL} 和硬化指数 n 成正比，与弹性模量 E 成反比，即 R_{eL}/E 的比值越大，材料的回弹值也就越大。

2) 弯曲变形程度。相对弯曲半径 r/t 越大，板料弯曲变形程度越小，在板料中性层两侧的纯弹性变形区增加越多，塑性变形区中的弹性变形所占的比例同时也增大。

(3) 回弹值的初步确定　由于弯曲变形的复杂性和引起回弹原因的多样性，目前要准确地确定回弹值尚有一定困难，仅能通过定性分析和给出一些经验数据以减少模具设计和制造中的不确定。在设计弯曲模时，一般按经验数据或计算法初步估算回弹值，再在试模中进行修正。

对于不同的相对弯曲半径，回弹值的确定方法也不同。

1) $r/t \geqslant 10$ 的自由弯曲。$r/t \geqslant 10$ 时，由于弯曲半径较大，回弹量较大，故弯曲半径及弯曲角度均有较大变化。可根据材料的有关参数，用下列公式初步计算回弹补偿时弯曲凸模的圆角半径及角度

$$r_T = \frac{r}{1 + 3\dfrac{R_{eL} r}{Et}}$$

$$\alpha_T = \frac{r}{r_T}\alpha$$

式中　r_T——弯曲凸模的圆角半径（mm）；

　　　r——弯曲件的弯曲半径（mm）；

　　　R_{eL}——材料的下屈服强度（MPa）；

　　　E——材料的弹性模量（MPa）；

　　　t——材料的厚度（mm）；

　　　α_T——弯曲凸模的圆弧中心角；

　　　α——弯曲件的弯曲中心角。

弯曲材料为棒料（圆形断面）时，其凸模圆角半径按下式计算

$$r_T = \frac{1}{\dfrac{1}{r} + \dfrac{3.4 R_{eL}}{Ed}}$$

式中　d——棒材直径（mm）。

2) $r/t < 5$ 的自由弯曲。当 $r/t < 5$ 时，弯曲半径的变化不大，故只考虑角度的回弹。弯曲中心角为 90°时部分材料的平均回弹角 $\Delta\alpha_{90}$ 见表 2-6。

表2-6 单角自由弯曲90°时的平均回弹角 $\Delta\alpha_{90}$

材料	r/t	材料厚度/mm		
		<0.8	0.8~2	>2
软钢 $R_m=350$MPa 软黄铜 $R_m\leq350$MPa 铝、锌	<1 1~5 >5	4° 5° 6°	2° 3° 4°	0° 1° 2°
中硬钢 $R_m=400\sim500$MPa 硬黄铜 $R_m=350\sim400$MPa 硬青铜	<1 1~5 >5	5° 6° 8°	2° 3° 5°	0° 1° 3°
硬钢 $R_m>550$MPa	<1 1~5 >5	7° 9° 12°	4° 5° 7°	2° 3° 6°
硬铝 LY	<2 2~5 >5	2° 4° 6°30′	3° 6° 10°	4°30′ 8°30′ 14°

当弯曲中心角不为90°时，回弹角应做如下修改

$$\Delta\alpha = \frac{\alpha}{90}\Delta\alpha_{90}$$

式中 $\Delta\alpha$——弯曲中心角为α的回弹角（°）；

$\Delta\alpha_{90}$——弯曲中心角为90°的回弹角；

α——制件的弯曲中心角。

3）校正弯曲的回弹值。校正弯曲的回弹值可用试验公式（表2-7）计算。

表2-7 V形件校正弯曲的回弹角

材料牌号	弯曲中心角 α			
	30°	60°	90°	120°
08、10、Q195	$\Delta\alpha=0.75\frac{r}{t}-0.39$	$\Delta\alpha=0.58\frac{r}{t}-0.80$	$\Delta\alpha=0.43\frac{r}{t}-0.61$	$\Delta\alpha=0.36\frac{r}{t}-1.26$
15、20、Q215、Q235	$\Delta\alpha=0.69\frac{r}{t}-0.23$	$\Delta\alpha=0.64\frac{r}{t}-0.65$	$\Delta\alpha=0.434\frac{r}{t}-0.36$	$\Delta\alpha=0.37\frac{r}{t}-0.58$
25、30	$\Delta\alpha=1.59\frac{r}{t}-1.03$	$\Delta\alpha=0.95\frac{r}{t}-0.94$	$\Delta\alpha=0.78\frac{r}{t}-0.79$	$\Delta\alpha=0.46\frac{r}{t}-1.36$
35、Q275	$\Delta\alpha=1.51\frac{r}{t}-1.48$	$\Delta\alpha=0.84\frac{r}{t}-0.76$	$\Delta\alpha=0.79\frac{r}{t}-1.62$	$\Delta\alpha=0.51\frac{r}{t}-1.71$

3. 弯曲力计算

弯曲力是设计弯曲模和选择压力机的重要依据，特别是在弯曲坯料较厚、弯曲线较长、相对弯曲半径较小、材料强度较大，而压力机的公称力有限的情况下，必须对弯曲力进行计算。已知材料弯曲时，开始是弹性弯曲，其后变形区内、外层纤维首先进入塑性状态，并逐步向板的中心扩展进行自由弯曲，最后是凸模、凹模与坯料互相接触并冲击制件的校正弯曲，弹性弯曲阶段的弯曲力较小，可以略去不计，自由弯曲阶段的弯曲力不随行程的变化而变化，校正弯曲力随行程急剧增加。

由于弯曲力受材料性能、制件形状、弯曲方法及模具结构等诸多因素影响,故生产中通常采用经验公式计算。

(1) 自由弯曲时的弯曲力计算
对于 V 形件,弯曲力为

$$F_{自} = \frac{0.6KBt^2 R_m}{r+t} \quad (2\text{-}3)$$

对于 U 形件,弯曲力为

$$F_{自} = \frac{0.7KBt^2 R_m}{r+t} \quad (2\text{-}4)$$

式中　$F_{自}$——在冲压行程结束时的自由弯曲力(N);
　　　B——弯曲件的宽度(mm);
　　　t——弯曲材料的厚度(mm);
　　　r——弯曲件的内弯曲半径(mm);
　　　R_m——材料的抗拉强度(MPa);
　　　K——安全系数,一般取 $K=1.3$。

(2) 校正弯曲时的弯曲力计算　计算公式为

$$F_{校} = Ap \quad (2\text{-}5)$$

式中　$F_{校}$——校正弯曲力(N);
　　　A——校正部分的投影面积(mm^2);
　　　p——单位面积校正力(MPa),其值见表 2-8。

表 2-8　单位面积校正力 p　　　　　　　　　　　　(单位:MPa)

材料	料厚 t/mm		材料	料厚 t/mm	
	≤3	>3~10		≤3	>3~10
铝	30~40	50~60	10~20 钢	80~100	100~120
黄铜	60~80	80~100	25~35 钢	100~120	120~150

(3) 顶件力或压料力　若弯曲模设有顶件装置或压料装置,其顶件力(或压料力)F_D(或 F_Y)可近似取自由弯曲力的 30%~80%,即

$$F_D = (0.3 \sim 0.8)F_{自} \quad (2\text{-}6)$$

(4) 确定压力机公称力　对于有压料装置的自由弯曲,压力机所需的公称力为

$$F_g \geq (1.2 \sim 1.3)(F_{自} + F_Y) \quad (2\text{-}7)$$

对于校正弯曲,由于校正弯曲的弯曲力比压料力或顶件力大得多,故 F_D(或 F_Y)一般可以忽略,即

$$F_g \geq (1.2 \sim 1.3)F_{校} \quad (2\text{-}8)$$

4. 选择冲压设备

(1) 压力机规格的初步选择　根据总冲压力 $F_{总}$ 小于压力机公称力(F_g)这一条件来初步确定压力机规格。一般情况下,压力机的公称力应大于或等于冲压总工艺力的 1.3 倍。对于施力行程小的冲压工序(如冲裁、浅弯曲、浅拉深),$F_g \geq (1.1 \sim 1.3)F_{总}$;对于施力

行程大的冲压工序（如深弯曲、深拉深），$F_g \geq (1.6 \sim 2.0) F_{总}$。

（2）校核压力机　主要是从滑块行程、滑块行程次数及模具总体尺寸与压力机相关尺寸是否相适应几个方面来进行校核。

二、相关实践知识

1. 计算坯料尺寸

对于图 2-1 所示弯曲件，两处圆角半径 $r = 3\text{mm} > 0.5t(=0.6\text{mm})$，属于大弯曲半径的弯曲，弯曲后材料变薄不严重。按中性层展开原理，坯料总长度应等于弯曲件直线部分和圆弧部分长度之和（图 2-21）。根据（式2-1），有

$$L_Z = l_1 + l_2 + \frac{\pi\rho\alpha}{180} = l_1 + l_2 + \frac{\pi\alpha(r+xt)}{180}$$

中性层位移系数 x 的值见表 2-9。

查得中性层位移系数 $x = 0.39$，制件弯曲中心角 α 为 $90°$，材料厚度 t 为 1.2mm，则毛坯展开尺寸为

$$L_Z = \left[15.8 \times 2 + 23.6 + \frac{2\pi(3 + 0.39 \times 1.2) \times 90}{180}\right]\text{mm} = 66.09\text{mm}$$

弯曲件的尺寸和毛坯展开尺寸如图 2-22 和图 2-23 所示。

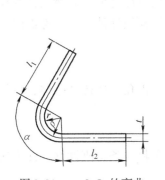

图 2-21　$r > 0.5t$ 的弯曲

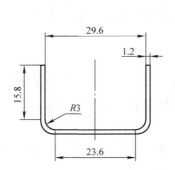

图 2-22　弯曲件尺寸

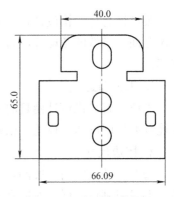

图 2-23　毛坯展开尺寸

表 2-9　中性层位移系数

r/t	0.1	0.2	0.3	0.4	0.5	0.6	0.7	0.8	1	1.2
x	0.21	0.22	0.23	0.24	0.25	0.26	0.28	0.3	0.32	0.38
r/t	1.3	1.5	2	2.5	3	4	5	6	7	≥8
x	0.34	0.36	0.38	0.39	0.4	0.42	0.44	0.46	0.48	0.5

2. 弯曲力计算

弯曲力是设计弯曲模和选择压力机的重要依据。为控制弯曲回弹，该弯曲件采用校正弯曲，由于校正弯曲力比顶件力大得多，故一般可以忽略模具上弹性顶件结构的顶件力及压料力。

查表 2-8 得单位面积校正力 $p = 100\text{MPa}$，校正面积 $A = (2 \times 1.2 + 29.6)\text{mm} \times 41\text{mm} = 1312\text{mm}^2$。

故校正弯曲力

$$F_{校} = Ap = 1312 \times 100\text{N} = 131.2\text{kN}。$$

任务四　支架弯曲级进模总体结构设计

【教学目标】

1. 能合理确定弯曲级进模的总体方案。
2. 掌握弯曲级进模结构设计的方法。
3. 熟悉弯曲级进模常用的结构装置。
4. 能绘制弯曲级进模总装图。

【工作任务】

根据支架产品图（图2-1），以及弯曲件的结构特点和技术要求，合理确定弯曲级进模的总体方案和结构。

一、相关理论知识

级进模总体结构设计是针对所需冲压的制件，在模具具体结构设计之前，对所设计的模具做全面、细致的考虑并进行总体安排。级进模总体设计时除了排样设计外，还应考虑以下问题。

1. 工位布置

工位布置可供设计模具时参考，在工位布置图上应正确设计导正孔、搭边及载体，可修正连续冲压时的送料偏差。根据排样来确定工位布置图。

2. 搭边尺寸

弯曲件的周围与一般冲裁模一样，应留有搭边。搭边值大则送料时条料刚性好，便于送料，但材料利用率低，故应合理确定搭边值。

3. 冲裁工位设计

冲裁工位设计时应注意以下几点：

1）尽量避免采用形状复杂的凸模。可采用多段切除，宁可多增加一些冲裁工位，也要使凸模形状简单，便于凸模、凹模的加工。

2）对于孔边距很小的制件，为防止落料时引起离制件边缘很近的孔产生变形，可使冲外缘工位在前，冲内孔工位在后；外缘以冲孔方式冲出。

3）局部内、外形状位置精度要求很高时，尽可能在同一工位上冲出。

4）对于弯边附近的孔，为防止变形，应使弯曲工位在先，冲孔工位在后。

5）为增加凹模强度，应考虑在模具适当位置上安排空工位。

6）对于内、外形相对位置要求高的制件，要考虑到：由于级进冲裁内外形常常是分别在不同工位冲出的，每次冲压都有定位误差，很难保持内、外形相对位置精度像复合模冲压一致性好。

7) 金属冲裁件的内、外形尺寸公差等级为 IT12～IT14。一般要求落料件的尺寸公差等级最好低于 IT10，冲孔件的尺寸公差等级最好低于 IT9。

4. 弯曲工位设计

1) 级进模上的弯曲一般由冲裁工序和弯曲工序组成。冲裁工序在开始的几个工位和最后工位，弯曲工序在中间各工位。

2) 在级进模中，制件若要求不同方向弯曲，则会给连续加工带来困难。向上还是向下弯曲，模具结构就不同。

3) 根据制件形状和精度要求，若卷边、弯曲在级进模中的不同工位上，分几次弯曲或卷边成形，则在连续加工过程中，要求条料的一个表面必须与模具的平面平行，由垫板或卸料板压紧，只允许加工部位可活动。

4) 对弯曲件的精度要求应合理。

5. 常用的弯曲级进模结构装置

（1）定位零件　定位零件的作用是使条料或制件在模具上相对于凸模、凹模有正确的位置。

（2）导料零件　导料零件的作用是保证在弯曲级进模中条料必须沿着正确的方向顺利地送进。

（3）导向零件　导向零件的作用是保证弯曲级进模的冲压位置正确。

（4）限位零件　限位零件的作用是保证弯曲级进模上、下模工作状态下的闭合高度。

（5）卸料装置　卸料装置的作用是保证弯曲级进模在冲压过程中正确卸料。

（6）安全监测保护装置　该装置是为了保证如在冲压过程中如出现异常，弯曲级进模能够立刻停止工作。

二、相关实践知识

1. 定位方式设计

可采用多对导正销对条料进行定位，精度高、操作方便。

2. 压、卸料方式确定

可采用弹簧为弹性元件的卸料方式，保证卸料的稳定性。弹簧个数为 18 个，根据模具尺寸合理确定其位置。

3. 确定导向方式

上、下模座靠导柱和导套导向（2 个），配合方式为滚动式配合，以提高导向精度和模具寿命。同时，卸料板由小导柱和小导套导向（4 个），以提高导向精度，减少凸模侧向压力，提高模具寿命。

4. 确定浮顶器结构

条料的导向采用浮顶器结构，以保证条料在冲压过程中顺利送进。浮顶器的个数及位置应根据工位情况确定。

5. 绘制支架弯曲级进模总装图

根据提供的支架产品图（图 2-1），确定弯曲级进模的总装图如图 2-24 所示。

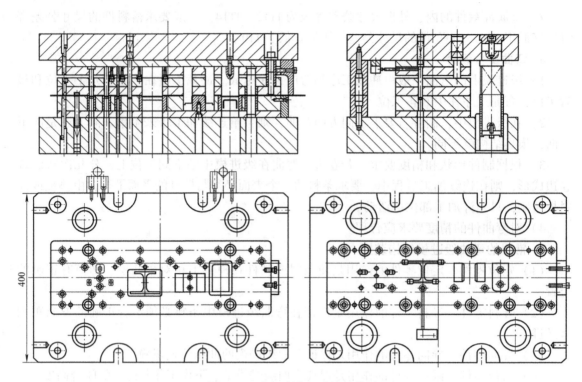

图 2-24 支架弯曲级进模总装图

任务五　　支架弯曲级进模零部件设计

【教学目标】

1. 能合理设计弯曲级进模的工作零件。
2. 能合理设计弯曲级进模的定位零件。
3. 能合理设计弯曲级进模的导向零件。
4. 能合理设计弯曲级进模的卸料零件。

【工作任务】

根据支架产品图（图2-1），以及弯曲件的结构特点和技术要求，合理设计弯曲级进模的工作零件、定位零件、导向零件和卸料零件。

一、相关理论知识

1. 弯曲模工作部分结构参数的确定

弯曲模工作部分的尺寸如图 2-25 所示。

（1）凸模圆角半径 r_T　当弯曲件的相对弯曲半径 r/t 较小时，凸模圆角半径 r_T 取等于弯曲件的弯曲半径，但不应小于最小弯曲半径值。

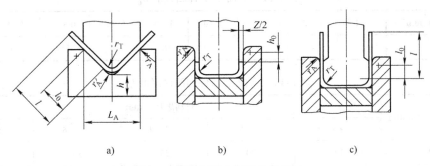

图 2-25 弯曲模工作部分的尺寸

当 $r/t > 10$ 时,则应考虑回弹,对凸模圆角半径 r_T 加以修正(参见任务一中弯曲回弹部分)。

(2)凹模圆角半径 r_A 　凹模圆角半径 r_A 不能过小,以免擦伤制件表面,影响模具寿命。凹模两边的圆角半径应一致,否则在弯曲时坯料会发生偏移。r_A 的值通常根据材料的厚度 t 确定。

当 $t \leq 2$ mm 时,$r_A = (3 \sim 6)t$。

当 $t = 2 \sim 4$ mm 时,$r_A = (2 \sim 3)t$。

当 $t > 4$ mm 时,$r_A = 2t$。

V 形弯曲凹模的底部可开退刀槽或取圆角半径 $r'_A = (0.6 \sim 0.8)(r_T + t)$(图 2-25a)。

(3)凹模深度 l_0 　凹模深度 l_0 过小时,坯料两端未受压部分太多,工件回弹大且不平直,影响工件质量。若过大,则浪费模具钢材,且需压力机有较大的工作行程(图 2-25b、c)。

1)V 形件弯曲模:凹模深度 l_0 及底部最小厚度 h 值可查表 2-10。应保证凹模开口宽度 L_A 的值不能大于弯曲坯料展开长度的 0.8 倍(图 2-25a)。

表 2-10 弯曲 V 形件的凹模深度 l_0 和底部最小厚度 h

弯曲件直边长度 l/mm	材料厚度 t/mm					
	≤2		>2~4		>4	
	h	l_0	h	l_0	h	l_0
10~25	20	10~15	22	15		
>25~50	22	15~20	27	25	32	30
>50~75	27	20~25	32	30	37	35
>75~100	32	25~30	37	35	42	40
>100~150	37	30~35	42	40	47	50

2)U 形件弯曲模:对于侧边高度不大或要求两边平直的 U 形件,凹模深度应大于弯曲件的高度,如图 2-25b 所示,图中 h_0 的值见表 2-11。对于侧边高度较大,而平直度要求不高的 U 形件,可采用图 2-25c 所示的凹模形式,凹模深度 l_0 的值见表 2-12。

表 2-11 弯曲 U 形件凹模的 h_0 （单位：mm）

材料厚度 t/mm	<1	1~2	2~3	3~4	4~5	5~6	6~7	7~8	8~10
h_0	3	4	5	6	8	10	15	20	25

表 2-12 弯曲 U 形件的凹模深度 l_0 （单位：mm）

弯曲件侧边长度 l/mm	材料厚度 t/mm				
	<1	1~2	>2~4	>4~6	>6~10
≤50	15	20	25	30	35
>50~75	20	25	30	35	40
>75~100	25	30	35	40	40
>100~150	30	35	40	50	50
>150~200	40	45	55	65	65

（4）凸模、凹模间隙 Z　V 形件弯曲模的凸模、凹模间隙是靠调整压力机的闭合高度来控制的，设计时可以不考虑。对于 U 形件弯曲模，则应当选择合适的间隙。间隙过小时，会使制件弯边厚度变薄，降低凹模寿命，增大弯曲力；间隙过大时，回弹大，会降低制件的精度。U 形件弯曲模的凸模、凹模单边间隙一般可按下式计算

$$Z/2 = t_{\max} + Ct = t + \Delta + Ct \tag{2-9}$$

式中　Z——弯曲模凸模、凹模双边间隙；

　　　t——制件材料的厚度（公称尺寸）；

　　　Δ——材料厚度的正偏差；

　　　C——间隙系数，可查表 2-13。

表 2-13 U 形件弯曲凸模、凹模的间隙系数 C

弯曲模高度 H/mm	弯曲模宽度 $B \leq 2H$				弯曲模宽度 $B > 2H$				
	材料厚度 t/mm								
	<0.5	0.6~2	2.1~4	4.1~5	<0.5	0.6~2	2.1~4	4.1~7.5	7.6~12
10	0.05	0.05	0.04	—	0.10	0.10	0.08	—	—
20	0.05	0.05	0.04	0.03	0.10	0.10	0.08	0.06	0.06
35	0.07	0.05	0.04	0.03	0.15	0.10	0.08	0.06	0.06
50	0.10	0.07	0.05	0.04	0.20	0.15	0.10	0.10	0.08
70	0.10	0.07	0.05	0.05	0.20	0.15	0.10	0.10	0.08
100		0.07	0.05	0.05		0.15	0.10	0.10	0.08
150		0.10	0.07	0.05		0.20	0.15	0.10	0.10
200		0.10	0.07	0.07		0.20	0.15	0.15	0.10

当制件精度要求较高时,其间隙应适当缩小,取 $Z/2=t$。

(5) U 形件弯曲凸模、凹模横向尺寸及公差　决定 U 形件弯曲凸模、凹模横向尺寸及公差的原则是:制件标注外形尺寸时应以凹模为基准件,间隙取在凸模上;制件标注内形尺寸时,应以凸模为基准件,间隙取在凹模上。凸模、凹模的尺寸和公差则应根据制件的尺寸、公差、回弹情况及模具磨损规律而定,如图 2-26 所示。在图 2-26 中,Δ 为弯曲件的横向尺寸公差。

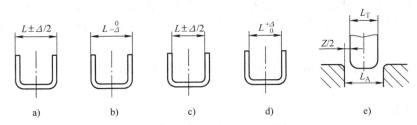

图 2-26　标注内形和外形的弯曲件及模具尺寸

1) 尺寸标注在外形上的弯曲件 (图 2-26a、b):

凹模尺寸为
$$L_A = (L_{max} - x\Delta)^{+\delta_A}_{\ 0} \tag{2-10}$$

凸模尺寸为
$$L_T = (L_A - Z)^{\ 0}_{-\delta_T} \tag{2-11}$$

2) 尺寸标注在内形上的弯曲件 (图 2-26c、d):

凸模尺寸为
$$L_T = (L_{min} + x\Delta)^{\ 0}_{-\delta_T} \tag{2-12}$$

凹模尺寸为
$$L_A = (L_T + Z)^{+\delta_A}_{\ 0} \tag{2-13}$$

式中　L_T、L_A——凸模、凹模的横向尺寸;

L_{max}——弯曲件的横向上极限尺寸;

L_{min}——弯曲件的横向下极限尺寸;

x——磨损系数;

Δ——弯曲件的横向尺寸公差;

δ_T、δ_A——凸模、凹模的制造公差,可取制件尺寸公差 Δ 的 1/4,一般凸模的精度比凹模的精度高一级。

2. 定位零件

定位零件的作用是使条料或制件在模具上相对凸模、凹模有正确的位置。定位零件的结构型式很多,用于对条料进行定位的定位零件有挡料销、导料销、导料板、侧压装置、导正销、侧刃等;用于对制件进行定位的定位零件有定位销、定位板等。

定位零件基本上都已标准化,可根据条料或制件的形状、尺寸、精度及模具的结构与生产率要求等选用。

用导正销做定位零件时,一般是通过导正销插入条料上的圆孔或其他形状的孔实现定位的。被插入的圆孔或其他形状的孔,可以利用制件的结构孔,也可以在条料上加工出工艺孔,专供导正用。导正销定位一般属于最后定位,是精定位,主要用于自动送料的级进模中,一般在制件精度要求高时使用。根据使用场合的不同,导正销定位可分为凸模上导正销定位和独立式 (凸模式) 导正销定位两类。

3. 导料装置

在级进模冲压过程中，除了要求条料的送料步距必须正确外，还要求条料必须沿着正确的方向顺利地做直线运动，保证各工位连续、正确、稳定地工作。因此，在级进模中必须使用导料装置。常用的导料装置一般包括左右导料板、承（托）料板、条料的侧压装置、导料杆或条料浮顶杆、除尘装置和安全（障碍）检测机构等。如何合理选用导料装置，应根据不同情况和不同特点进行考虑。

4. 导向装置

模架的导向装置是指在上、下模座上安装的主要由导柱、导套等零件所组成的导向副。有了导向装置，上、下模相对运动时始终沿着一个正确的方向，从而达到精密冲压的目的。

常见的模架导向装置有滑动导向和滚动导向两类。精密级进模一般采用滚动导向模架。

5. 限位装置

一般情况下，为了控制上、下模工作状态下的闭合高度，防止合模过头而引起模具损坏或成形尺寸超差，在精密级进模中常应用限位装置。有时为了限定某活动件的行程，也应采用限位装置。常见的合模限位装置采用限位柱或限位块（板），装于上、下模之间，其结构如图 2-27 所示。

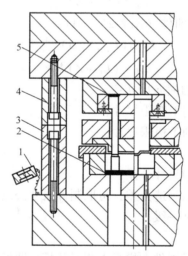

图 2-27 高度限位块和垫片
1—保护垫 2、5—垫片 3、4—高度限位块

6. 卸料装置

卸料装置在级进模中是个很重要的组成部分。常用的卸料形式有固定卸料和弹性卸料两种，由于其结构不同，功能也不一样。固定卸料装置只是起卸料作用；弹性卸料装置不仅在冲压结束后起卸料作用，冲压开始前还起压料作用，以防止冲压过程中材料的滑移或扭曲，同时对小凸模还有导向、保护等作用。模具的精度和使用寿命与卸料装置的结构、精度和强度有着直接的关系。

二、相关实践知识

1. 工作部分结构尺寸设计

（1）凸模圆角半径　由于制件的弯曲圆角半径较大，故凸模圆角半径 r_T 可取弯曲件的内弯曲半径，即 $r_T = 3$ mm。

（2）凹模圆角半径　凹模圆角半径不能过小，以免增加弯曲力，擦伤制件表面。此制件两边弯曲高度相同，属于对称弯曲，凹模两边圆角半径应取大小一致。该制件厚度 $t = 1.2$ mm，故凹模圆角半径 $r_A = 2t = 2.4$ mm。

（3）凹模工作部分深度的设计计算　凹模工作部分的深度将决定板料的进模深度，同时也影响弯曲件直边的平行度，对制件的尺寸精度有一定的影响。此弯曲件的直边高度为 15.8mm，板厚 1.2mm，查表 2-12 得凹模工作部分深度为 $l_0 = 20$ mm。

（4）凸模、凹模间隙　弯曲模的凸模、凹模间隙是指单边间隙 $Z/2$。

$$Z/2 = 1.05t = 1.05 \times 1.2 \text{mm} = 1.26 \text{mm}$$

（5）凸模、凹模横向尺寸及公差　依据产品图（图 2-1）得知该制件标注的是内形尺寸，故设计凸模、凹模时应以凸模为设计基准，间隙取在凹模上。

凸模横向尺寸：$L_T = (L + 0.5\Delta)_{-\delta_T}^{\ 0} = (29.6 + 0.5 \times 0.52)_{-0.52/4}^{\ 0}$ mm $= 29.86_{-0.13}^{\ 0}$ mm

凹模横向尺寸：$L_A = (L_T + Z)_{0}^{+\delta_A} = (29.86 + 2 \times 1.26)_{0}^{+0.13}$ mm $= 32.38_{0}^{+0.13}$ mm

式中　L_T、L_A——凸模、凹模的横向尺寸；

　　　Z——双边间隙；

　　　Δ——弯曲件的尺寸公差，尺寸 29.6mm 的公差按 IT14 选取，故 $\Delta = 0.52$ mm；

　　　δ_T、δ_A——凸模、凹模的制造公差，一般取制件尺寸公差 Δ 的 1/4。

2. 弯曲凸模、凹模的材料及热处理条件

生产批量为中批，弯曲件材料为 08 钢，属一般材料，凸模、凹模结构较简单，根据弯曲模常用材料及工作硬度（表 2-14），选择 T10A，淬火及回火热处理硬度为 57~60HRC。

表 2-14　弯曲模常用材料及工作硬度

模具名称	使用条件	推荐使用钢号	代用钢号	工作硬度 HRC
弯曲模	轻型简单	T10A		57~60
	简单易裂	T7A		54~56
	轻型复杂	MnCrWV	9CrWMn	57~60
	大量生产用	Cr12MoV		57~60
	高强度钢板及奥氏体钢	Cr12MoV		65~67（渗碳）

3. 工作零件图绘制

根据提供的支架产品图（图 2-1），设计的支架弯曲级进模工作零件如图 2-28 至图 2-32 所示。

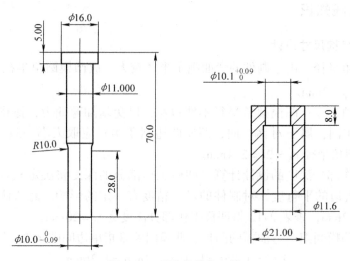

图 2-28　冲孔凸模和凹模

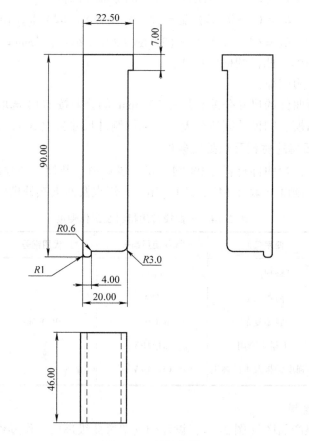

图 2-29　弯曲凸模

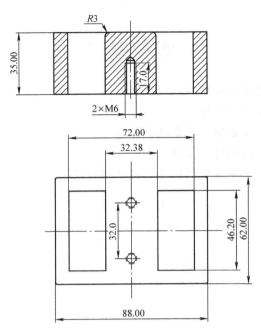

图 2-30 弯曲凹模

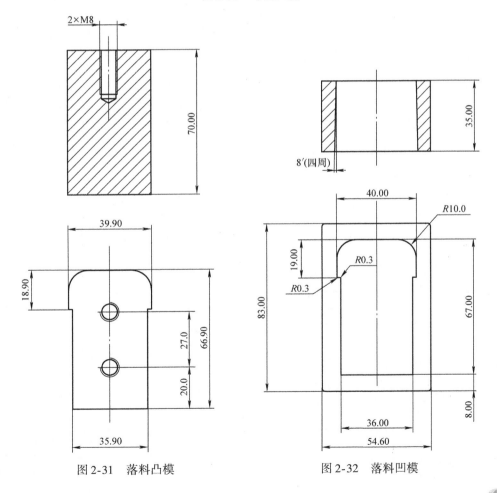

图 2-31 落料凸模 图 2-32 落料凹模

思 考 题 二

1. 设计弯曲级进模要考虑哪些问题？
2. 如何选择弯曲级进模的载体？
3. 设计弯曲级进模排样图时要考虑哪些因素？
4. 设计弯曲级进模的结构时要考虑哪些问题？
5. 设计弯曲级进模的凸模和凹模时要考虑哪些问题？

项目三　汽车电动机壳体拉深级进模设计

【教学目标】

1. 掌握拉深级进模总体方案的确定方法。
2. 掌握拉深级进模排样图的设计方法。
3. 掌握拉深级进模常用的典型结构。
4. 掌握拉深级进模标准件的选用方法。

【工作任务】

根据图 3-1 所示汽车某电动机壳体产品图，完成下列任务：
1. 确定合理的拉深级进模总体方案。
2. 设计合理的排样图。
3. 绘制拉深级进模总装图和主要零件图。

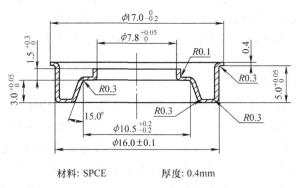

材料：SPCE　　　厚度：0.4mm

图 3-1　汽车某电动机壳体产品图

任务一　壳体冲压工艺分析与总体冲压方案的确定

【教学目标】

1. 能正确分析壳体拉深件的结构特点和技术要求。
2. 能对壳体拉深件进行工艺性分析。
3. 能合理选择壳体拉深件的拉深工艺方案。

【工作任务】

根据电动机壳体产品图（图3-1），分析拉深件的结构特点和技术要求，并选择合理的拉深方案。

一、相关理论知识

级进模的设计主要依赖于单工序模。但由于级进模可以对复杂的型孔进行分步冲压，不存在复合模的最小壁厚问题，所以在冲压工艺的可行性要求方面，使用级进模有时比使用单工序模反而更宽松一些。往往采用单工序模冲压有困难，采用级进模冲压却没有问题。因此，级进冲压件的工艺性在参考普通冲压件的工艺性基础上，可以放宽要求。

一般情况下，平板状的片形件，不论其内形复杂到什么程度，原则上采用级进冲压都无问题。内形比较简单时，不用分段或分段少，工位数少些；内形比较复杂时，分段多，工位数多些。

级进拉深是指制件在条料上沿着一定方向在多个工位上连续地拉深变形，冲压出具有一定形状和尺寸要求的管壳类或帽形件的一种冲压生产方法。冲压过程中，制件一直与条料的载体相连，制件成形后，从条料上分离落下。采用这种方法加工，要求所使用的原材料必须具有很好的压延性，便于塑性变形，适应多次压延变形，不因加工硬化而影响拉深成形。这是由于在连续的拉深过程中，不允许材料进行中间退火处理。适合连续拉深用的材料，最常用的有08钢、10钢、黄铜、纯铜、软铝、可伐合金等。

级进拉深时，每次的拉深变形程度比单工序拉深时小。这是由于级进拉深是在条料上连续进行的，拉深变形时，各工位之间材料相互牵连、相互限制，使材料流动受阻。因此，每次拉深的变形量不应太大，每次的拉深系数比单工序时取得大一些，拉深次数相对多一些。适用于级进拉深的制件的外径一般在60mm以下，料厚常小于1.5mm。此外产量必须大，产量小采用级进拉深是不经济的。

1. 条料连续拉深的特点

一些小型的帽形、筒形和管壳类拉深件如图3-2所示。这些拉深件产量比较大，所用的材料都比较薄，如果采用常规的单工序拉深工艺生产，不仅生产率低，而且有的制件由于定位困难，无法采用单工序工艺生产。级进拉深采用条料连续拉深的方法生产，能满足上述要求。级进连续拉深的主要特点之一就是在条料上完成全部的拉深工作，每一次拉深后的半成品不与条料分离，直至在最后一道工序制件才可与带料分离。因此，用条料连续拉深成的空心件，无论有无凸缘，均可视作带凸缘件，都和带凸缘件的拉深相似。连续拉深所用的材料

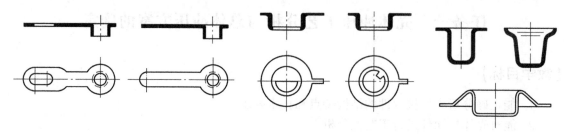

图3-2 小型拉深件

都是成卷的长条料或带料。因此，可将所使用的模具称为条料级进连续拉深模，简称条料连续拉深模或连续拉深模。

2. 条料连续拉深的分类和应用

根据在连续拉深开始前条料上有无工艺切口（缝或槽），可将连续拉深分为有工艺切口拉深和无工艺切口拉深两种。无工艺切口连续拉深是在整体条料上直接进行拉深，所以又称为整料连续拉深。整料连续拉深时，由于相邻两个拉深件之间的材料相互影响，相互牵连，材料沿送料方向的流动比较困难，不如单个坯料拉深时那样可以较均匀、自由地塑性变形。为避免拉深破裂，应减小每个工位材料的变形程度，即采用较大的拉深系数，特别是首次拉深系数比单工序独立坯料的首次拉深系数大，这样拉深次数就要增加。但无工艺切口拉深比有工艺切口拉深能节省材料，对于大量采用稀有金属和有色金属的电子、仪表工业，合理利用资源有很大意义。

二、相关实践知识

1. 分析产品图

电动机壳体结构比较复杂，主要中心带反拉深；制件材料为 SPCE，料厚 0.4mm，尺寸公差等级为 IT10；制件尺寸较小，生产批量较大，属于普通拉深件。

2. 制件工艺性分析

（1）材料分析　SPCE 为优质碳素结构钢，属于深拉深级别钢，具有良好的拉深成形性能。该材料强度、硬度很低，而塑性、韧性极高，具有良好的冷变形性和焊接性，正火后切削加工性尚可，退火后磁导率较高，剩磁较少，但淬透性、淬硬性极低。该材料的塑性很好，主要用来制造冷冲压的拉深件。

（2）结构工艺性分析　本产品为小型拉深结构零件，材料为 SPCE，厚度为 0.4mm。由于此产品需要拉深、反拉深、冲孔、落料等工序，如采用单工序模或复合模冲压，则需要多副模具，现采用级进模，只需要一副模具即可。此拉深件的总体精度要求不算太高，但其中 $R0.3$mm 圆角尺寸太小，一次成形会拉破，所以需要有整形工序。

（3）精度分析　制件图样中的未注尺寸公差，可按 IT14 考虑，精度较低，图样中标注公差的尺寸，其公差等级均在 IT10 以上，普通冲压可以满足要求。但制件底部圆角半径和口部圆角半径较小，需要增加整形工序来完成。拉深件的口部一般是不整齐的，需要经过切边来达到凸缘外径尺寸的要求。

（4）冲压工艺分析　根据拉深件产品图（图 3-1），通过分析拉深件的结构特点和技术要求，该拉深件可以采用级进模冲压成形。

任务二　壳体级进拉深排样图设计

【教学目标】

1. 掌握级进拉深的排样类型。
2. 根据一般拉深件的结构产品图，能够进行级进拉深排样图的设计。
3. 能合理选择拉深件的排样方法。

4. 能根据拉深件排样方法合理确定模具的总体结构型式。

【工作任务】

根据电动机壳体产品图（图3-1），以及拉深件的结构特点和技术要求，合理选择排样方法。

一、相关理论知识

1. 级进拉深的排样类型

级进拉深的排样按材料变形区与条料分离情况可分为：整体条料拉深排样和切槽或切口条料拉深排样两种。

（1）整体条料拉深排样　与切槽条料拉深相比，整体条料拉深可节省材料，但在拉深过程中，条料边缘易折弯起皱，影响拉深过程的顺利进行，因此必须增加拉深次数。这种拉深方法仅适用于拉深材料塑性好的小型制品，并且在第一道拉深时，进入凹模的材料应比制件所需材料多5%～10%，以使以后各道拉深不致因材料不足而被拉裂，多余的材料可在后续拉深过程中逐渐转移到凸缘上。

（2）切槽或切口条料拉深排样　条料切槽或切口的目的，一方面是形成拉深坯料，有利于拉探成形，另一方面是防止条料边缘产生折皱，使拉深过程顺利进行。

2. 级进拉深的排样图设计

1）根据拉深工艺方案，确定拉深排样的类型。
2）根据拉深排样的类型，合理确定拉深的工位数。
3）根据拉深工艺方案，确定拉深方法（正向或反向拉深）。
4）为了避免拉深破裂，要采用较大的拉深系数，以减少每个工位材料的变形程度。
5）一般将分离工序安排在前，如冲孔、切口、切槽，接着安排拉深等成形工序，对于精度要求较高的拉深件，应在成形工序后再安排整形工序，最后安排切断或落料工序。

3. 级进拉深的排样方法

1）计算拉深毛坯直径。
2）计算总的拉深系数 $m_{总}$。
3）确定连续拉深类型。主要是确定条料是采用无工艺切口还是采用有工艺切口的连续拉深形式。
4）选择工艺切口的类型。
5）计算和确定相关的压力机、料宽和步距等。
6）确定拉深次数。计算首次拉深直径。
7）确定首次拉深凸模、凹模的圆角半径和拉深高度尺寸。
8）确定各次拉深系数 m_i。
9）分别计算各次拉深直径 d_i。
10）计算各次拉深的凸模、凹模圆角半径。
11）计算各次拉深的高度 h_i。
12）绘制连续拉深的排样图。

4. 拉深级进模的总体结构型式

1）正向拉深级进模的结构比较简单，最为常用。
2）首次拉深必须有独立的压料装置。
3）以后各次拉深工序的压边装置，尽量采用活动压边装置。
4）冲裁凸模与拉深凸模应保持一定的高度差。
5）凸模一般为整体式结构，凹模采用镶套式结构。
6）连续拉深级进模进料口的一端采用固定式导料板结构。
7）条料的定距。各次拉深工序的凸模本身就能对条料自动找正定位，在冲孔落料工位上一般采用导正销进行导正。
8）合理安置空工位。

二、相关实践知识

1. 设计排样类型

根据拉深工艺方案，该壳体拉深件采用切槽条料拉深，首次拉深及以后各次拉深时，制件与条料间的材料相互影响、相互约束较小，有利于材料塑性变形。

2. 排样图设计

1）根据拉深工艺方案，该壳体拉深件采用切槽条料拉深。
2）根据拉深排样的类型，该壳体拉深件的合理工位数是 10 个。
3）根据拉深工艺方案，该壳体拉深件采用正向拉深加反向拉深的方法。
4）由于该壳体拉深件的高度不高，只需要一次拉深就可成形。
5）该壳体拉深件的冲压工序采用分离工序（如切口）安排在前，接着安排拉深等成形工序；由于壳体拉深件底部圆角尺寸较小，所以拉深工序后面还需安排整形工序，最后安排落料工序。

3. 排样图绘制

根据拉深件产品图（图 3-1），以及拉深件的结构特点和技术要求，排样图的设计如下：

1）切槽拉深的排样，如图 3-3 所示。条料宽度在拉深工位有缩减，是由于材料在拉深时发生了塑性变形。

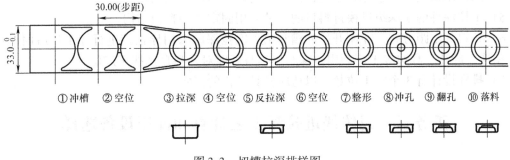

图 3-3 切槽拉深排样图

2）切口拉深的排样，如图 3-4 所示。

切槽拉深排样方式的材料利用率为 58%，其优点是送料方便，不易起皱。切口拉深排样方式的材料利用率为 55%，其优点是定位准确。但本拉深件精度要求不太高，可不设太

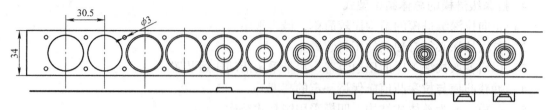

图 3-4 切口拉深排样图

多的定位销,从而简化模具结构。所以,最终采用切槽拉深排样方式。

排样图设计有以下 10 个工位。

第 1 工位:冲槽(即冲制拉深件坯料外形)。

第 2 工位:空位(此处空位设导正销进行定位)。

第 3 工位:拉深。

第 4 工位:空位(此处空位是为了采用两块条料,前一块条料主要是拉深,需要压边,而后面的工序不需要压边,所以采用两块条料)。

第 5 工位:反拉深。

第 6 工位:空位(反拉深与整形工序凸模、凹模上所需的卸料装置太大,要留有足够的空间)。

第 7 工位:拉深整形。

第 8 工位:冲孔(翻边预孔)。

第 9 工位:孔翻边。

第 10 工位:落料。

条料宽度为 33.0mm,步距为 30.000mm。级进模总的设计方案是:从条料进入模具,通过 10 个工步的冲制到产品出来,整个过程都是自动进行的。

4. 拉深级进模的总体结构型式

1)本拉深件采用正向拉深加反向拉深级进模结构。

2)首次拉深设计有独立的压料装置。

3)冲裁凸模与拉深凸模设计有一定的高度差。

4)凸模结构设计为整体式结构,凹模结构设计为镶套式结构。

5)本拉深件的拉深级进模进料口的一端采用固定式导料板结构。

6)条料的定距方式。在刚开始冲槽和第 1 次拉深前采用导正销进行导正,后面的反拉深、整形、冲孔、翻边等工序利用拉深凸模本身就能对条料自动找正定位。

7)排样设计有 3 个空工位数,以适应模具结构的需要。

任务三 壳体级进拉深工艺计算和冲压设备选择

【教学目标】

1. 掌握级进拉深的工艺计算方法。

2. 根据一般拉深件结构图,能进行拉深工艺计算。

3. 能合理选择拉深件的各项参数。
4. 能根据拉深件的工艺计算结果，合理确定拉深次数及选择冲压设备。

【工作任务】

根据电动机壳体产品图（图3-1），以及拉深件的结构特点和技术要求，进行合理工艺计算。

一、相关理论知识

1. 毛坯直径 D 的计算

在无工艺切口和有工艺切口的条料上连续拉深时，材料的厚度虽然会有些变化，但其平均值与毛坯原始厚度十分接近，因此，这种拉深属于不变薄拉深。毛坯直径的计算与普通拉深相似，都是以最后一次拉深成形的制件尺寸为基础，按拉深前毛坯面积与拉深后制件面积相等的等面积原则求出。在具体计算时，可按带凸缘筒形件形状计算。考虑到首次拉深拉入凹模的材料要比计算所需的多一些，故实际毛坯直径要比计算毛坯直径大，一般按下式计算

$$D = D_1 + \delta$$

式中　D——实际毛坯直径（mm）；
　　　D_1——计算毛坯直径（mm）；
　　　δ——修边余量（mm）。

2. 圆筒形件拉深系数

拉深系数是指拉深后制件直径与拉深前制件（或毛坯）直径之比。图3-5所示为直径为 D 的毛坯经多次拉深制成直径为 d_n、高度为 h_n 的制件的工艺过程。

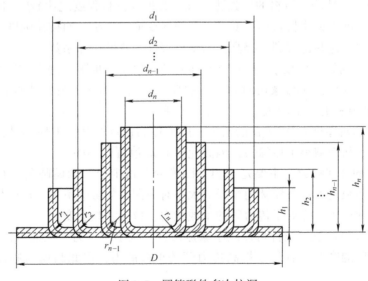

图3-5　圆筒形件多次拉深

其各次的拉深系数为：

第1次拉深　　$m_1 = d_1/D$

第2次拉深　　$m_2 = d_2/d_1$

第 3 次拉深　　　$m_3 = d_3/d_2$

　　　　⋮

第 n 次拉深　　　$m_n = d_n/d_{n-1}$

式中　m_1、m_2、m_3、m_n——第 1、2、3、n 次拉深系数；

　　　d_1、d_2、d_3、d_{n-1}、d_n——第 1、2、3、$n-1$、n 次制件直径；

　　　　　　　　　　　D——毛坯直径。

制件直径 d_n 与毛坯直径 D 之比称为总拉深系数，即

$$m_总 = \frac{d_n}{D} = \frac{d_1}{D} \frac{d_2}{d_1} \cdots \frac{d_n}{d_{n-1}} = m_1 m_2 \cdots m_n$$

即总拉深系数为各次拉深系数的乘积。

实际生产过程中，有时也有用 D/d_1，d_1/d_2，⋯，d_{n-1}/d_n 表示拉深程度，称为拉深比，用 k_n 表示，$k_n = 1/m_n$。

拉深系数是拉深变形程度的标志，拉深系数小，拉深前后制件直径变化就大，即拉深变形程度大；拉深系数大，则拉深变形程度小。

拉深系数是拉深工艺中一个非常重要的参数，是拉深工艺计算的基础。在实际生产中，采用的拉深系数是否合理是拉深工艺成败的关键。若采用的拉深系数过大，即拉深变形程度小，材料的塑性潜力未被充分利用，拉深次数就会增加，模具数量也就增加，成本随之提高；反之，若拉深系数过小，即拉深变形程度过大，拉深就可能无法进行。在实际生产中选用拉深系数时，既要充分利用材料的塑性，又不使制件拉裂。使拉深件不拉裂的最小拉深系数称为极限拉深系数。

3. 影响极限拉深系数的因素

（1）材料的力学性能　材料的屈强比（屈服强度与抗拉强度之比）小，极限拉深系数就小。因为，屈服强度小说明材料容易变形，凸缘区变形抗力小，而抗拉强度大则表示危险断面上的承载能力强，这些都有利于提高拉深变形程度，降低拉深系数。

（2）材料的厚向异性系数 γ　材料的厚向异性系数 γ 对极限拉深系数影响很大。γ 值大说明材料易于横向变形，即凸缘切向容易压缩变形，而传力区不易产生厚向变形（即不易产生缩颈）。因此材料的 γ 值越大，允许的 m 值越小。

（3）毛坯的相对厚度 t/D　t/D 的值大，则毛坯的稳定性好，不易起皱，压边力可以减小甚至不需压边，从而减小了拉深力，因此允许的 m 值可以小些。

（4）拉深模的几何参数　主要是凸模、凹模的圆角半径。凹模圆角半径小，将使弯曲应力增大，拉深系数变大；凸模圆角半径的大小对拉深系数影响不大，但凸模圆角半径过小时，该处材料变薄严重，降低了传力区的承载能力，拉深系数会变大。

（5）润滑　良好的润滑条件可以减小摩擦系数，减小拉深力，从而可以减小拉深系数。但凸模与制件之间的摩擦力有利于提高传力区的承载能力，因此凸模与制件之间不必进行润滑。

由于影响拉深系数的因素很多，所以各次拉深的极限拉深系数都是在一定拉深条件下通过试验方法求得的。

4. 条料切槽或切口拉深

条料切槽或切口的目的，一方面是形成拉深毛坯，有利于拉深成形，另一方面是防止条

料边缘产生折皱，使冲压工艺过程顺利进行。常用的切槽或切口形式如图 3-6 所示。切槽与切口的有关尺寸见表 3-1。

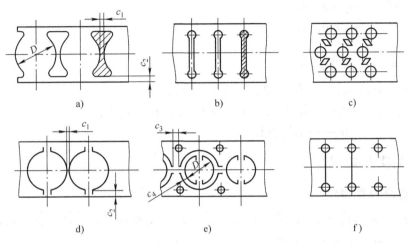

图 3-6 拉深切槽与切口形式

表 3-1 切槽与切口的有关尺寸　　　　　　　　　　　　　　（单位：mm）

材料直径	c_1	c_2	c_3	c_4
≤10	0.8~2.0	1.0~1.7	1.5~2.0	1.0~1.5
10~30	1.3~2.5	1.5~2.3	1.8~2.5	1.2~2.0
30~60	1.8~3.0	2.0~2.8	2.3~3.0	1.5~2.5
>60	2.2~3.5	2.5~3.8	2.7~3.7	2.0~3.0

5. 条料连续拉深工艺计算基本步骤

1）先计算毛坯直径及有关尺寸。

2）计算总拉深系数 $m_总$。条料连续拉深时，由于不能进行中间退火，所以首先应核查材料不进行中间退火所能允许的最大总拉深变形程度（即允许的极限总拉深系数），是否满足拉深件总拉深系数的要求。拉深件的总拉深系数 $m_总$ 为

$$m_总 = d/D = m_1 m_2 m_3 \cdots$$

式中　d——制件的中线直径；

　　　D——实际毛坯直径。

3）确定是否需要工艺切口。

4）根据毛坯相对厚度 t/D 及凸缘相对直径 d_t/d，查相应手册一次拉深所达到的最大相对高度 h_1/d_1，检查能否一次拉深成形。如果制件的 H/d 小于或等于最大相对高度，则可一次拉深成形；如果制件的 H/d 大于最大相对高度，则需多次拉深，应按相应手册试选首次拉深系数 m_1，并求得首次拉深直径 d_1。

5）根据 d_1 计算 h_1，并核查 h_1/d_1 是否小于或等于最大相对高度。如果 h_1/d_1 小于最大相对高度，d_1 就可以作为首次拉深直径。

6. 各次拉深直径的计算

连续拉深的各次拉深直径，与单工序拉深直径的计算方法一样，即某次拉深直径等于该

次拉深系数与前一次拉深直径的乘积。

第 1 次拉深　　$m_1 = d_1/D$
第 2 次拉深　　$m_2 = d_2/d_1$
第 3 次拉深　　$m_3 = d_3/d_2$
　　　　⋮
第 n 次拉深　　$m_n = d_n/d_{n-1}$

式中　m_1、m_2、m_3、m_n——第 1、2、3、n 次拉深系数；
　　　d_1、d_2、d_3、d_{n-1}、d_n——第 1、2、3、$n-1$、n 次拉深直径；
　　　D——毛坯直径。

二、相关实践知识

1. 毛坯直径 D 的确定

$$D = \sqrt{d_1^2 + 6.28rd_1 + 8r^2 + 4d_2h + 6.28Rd_2 + 4.56R^2 + d_4^2 - d_3^2} = 26.8\text{mm}$$

公式中各量的含义如图 3-7 所示。其中，$d_1 = 14.6\text{mm}$，$d_2 = 15.6\text{mm}$，$d_3 = 16.6\text{mm}$，$d_4 = 20.8\text{mm}$，$r = 0.5\text{mm}$，$R = 0.5\text{mm}$，$h = 4\text{mm}$。

由于拉深级进模采用条料连续拉深，根据实际经验，最后毛坯直径取 $D = 28.5\text{mm}$。

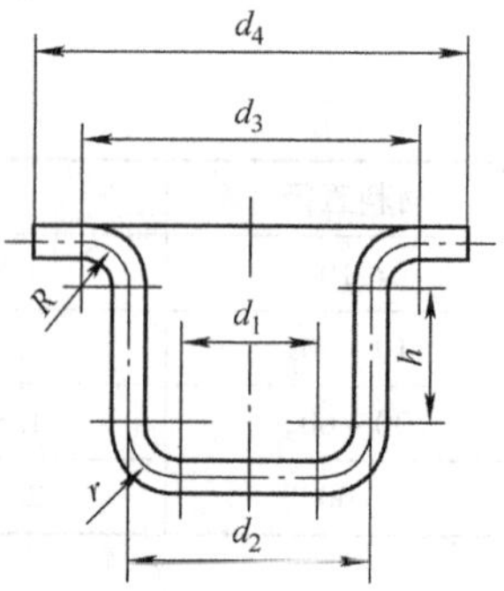

2. 拉深系数 m 的确定

带凸缘圆筒形件的拉深系数为

$$m = d/D = 15.6/28.5 \approx 0.547$$

式中　m——带凸缘筒形件的拉深系数；
　　　d——零件筒形部分的中线直径，$(16 - 0.4)\text{mm} = 15.6\text{mm}$；
　　　D——坯料直径。

图 3-7　毛坯直径的确定

3. 主要工艺参数计算

1）切边余量的确定。查相应的冲模设计手册可知，带凸缘圆筒形件的切边余量 $\Delta R = 1.6\text{mm}$。

2）拉深次数的确定。

第一种方法：由图 3-1 可知，制件凸缘直径 $d_t = 17\text{mm}$，高度 $H = 5\text{mm}$，因此 $d_t/d = 17/15.6 \approx 1.09$

$(t/D) \times 100 = (0.4/28.5) \times 100 \approx 1.4$，$H/d = 5/15.6 \approx 0.32$

查冲模设计手册得：有工艺切口拉深的第 1 次最大相对高度为 $h_1/d_1 = 0.60 \sim 0.80$。由于 $H/d = 0.32 < h_1/d_1 = 0.60 \sim 0.80$，故可以 1 次拉深完成。

第二种方法：根据 $d_t/d = 17/15.6 \approx 1.09$ 和 $(t/D) \times 100 = 0.4/28.5 \times 100 \approx 1.4$，查冲模设计手册可知，有工艺切口的第 1 次拉深系数的极限值为 $m_1 = 0.53$，则第 1 次拉深后的直径为 $d_1 = m_1 D = 0.53 \times 28.5\text{mm} \approx 15.11\text{mm}$，而壳体的拉深直径为 $d = 15.6\text{mm}$，$d_1 = 15.11\text{mm} < d = 15.6\text{mm}$，故只需要 1 次拉深就可成形。

3）拉深模圆角半径的确定。拉深凹模的圆角半径按下列公式计算

$$r_A = 0.8\sqrt{(D-d)t} = 0.8 \times \sqrt{(28.5-15.6) \times 0.4}\,\text{mm} = 1.8\,\text{mm}$$

拉深凸模圆角半径按下式公式计算

$$r_T = (0.7 \sim 1.0)r_A,\ \text{取}\ r_T = 0.7 \times 1.8\,\text{mm} \approx 1.3\,\text{mm}$$

由于只需 1 次拉深成形，一般凸模的圆角半径应与产品图上的圆角半径相同，但产品的圆角半径（$R0.3\,\text{mm}$）小于拉深工艺性要求，故凸模圆角半径应按工艺性的要求确定（即 $r_T \geq t$），然后通过整形工序得到产品要求的圆角半径。根据实际经验，拉深凹模和凸模的圆角半径取 $r_A = r_T = 1\,\text{mm}$。

4. 材料利用率计算

材料利用率是衡量排样经济性的指标。它是指制件的实际面积 S_a 与冲压这个制件所用板料面积 S 的百分比，即

$$\eta = (S_a/S) \times 100\%$$

式中　η——材料利用率；

　　　S_a——制件的实际面积；

　　　S——冲压此制件所占用的板料面积，包括制件实际面积与废料面积。

η 值越大，说明废料越少，材料利用率就越高。本拉深件的材料利用率为

$$S_a = 637.6\,\text{mm}^2,\ S = 30 \times 33\,\text{mm}^2 = 990\,\text{mm}^2$$

$$\eta = (637.6/990) \times 100\% \approx 64\%$$

5. 拉深力计算

1）先计算压料力 F_Y。压料力可按下式计算

$$F_Y = Ap = 3.14 \times (28.5/2)^2 \times 3.0\,\text{N} = 1912.9\,\text{N} \approx 1.91\,\text{kN}$$

式中　A——压边圈下坯料的投影面积；

　　　p——单位面积压料力，p 值可查表确定。

2）计算拉深力。采用压边圈拉深时，拉深力为

$$F_1 = \pi d_1 t R_m k_1 = 3.14 \times 15.6 \times 0.4 \times 295 \times 0.93\,\text{N} \approx 5.38\,\text{kN}$$

式中　F_1——拉深力；

　　　t——板料厚度；

　　　d_1、…、d_n——各次拉深后的制件直径；

　　　R_m——拉深件材料的抗拉强度；

　　　k_1——修正系数，查表确定 $R_1 = 0.93$。

3）计算总拉深力。总拉深力为

$$F = F_1 + F_Y = (5.38 + 1.91)\,\text{kN} = 7.29\,\text{kN}$$

任务四　壳体拉深级进模总体结构设计

【教学目标】

1. 能合理确定拉深级进模总体方案。
2. 掌握拉深级进模结构设计的方法。

3. 熟悉拉深级进模常用的结构装置。
4. 能绘制拉深级进模总装草图。

【工作任务】

根据电动机壳体产品图（图3-1），以及拉深件的结构特点和技术要求，合理确定拉深级进模的总体方案和结构。

一、相关理论知识

1. 导料装置与浮顶装置

由于级进模完成的工序内容较多，除了要求条料的送料步距必须正确外，还要求条料必须沿着正确的方向顺利地做直线运动。在级进模中能起到这一作用的装置，就是导料装置。

在有些级进模中，不仅有多道冲裁工序的平面加工，还有弯曲、成形和拉深等多道工序的立体加工。为了保证各工位连续、正确、稳定地工作，条料在送进过程中不能受到任何的阻滞，必须使条料浮离下模平面，同时还不能影响侧冲与倒冲机构工作，一般都要应用浮顶杆或托料杆（块）等，保证弯曲或拉深成形部分完全被顶出凹模平面后才可以使条料在浮离凹模平面一定高度顺利送料。起到这一作用的装置称为浮顶装置。

一般情况下，卸料装置、浮顶装置与导料装置有着密切的联系，必须结合在一起考虑，这在带有浮顶装置的情况下尤为重要。

常用的导料装置一般包括：左右导料板、承（托）料板、条料的侧压装置、导料杆或条料浮顶杆、除尘装置和安全（障碍）检测机构等。

如何合理选用导料与浮顶装置，应根据不同情况和不同特点考虑。例如：根据级进模的冲压特点是属于平面冲压还是立体冲压，以及工位的多少等来确定导料板的形式、长短、厚薄，并确定是否应用浮顶杆等；手工送料对导料装置的要求比较简单，一般采用导料板并在送料方向一端附上承料板就可以了，不必设置安全检测装置等；若采用高速冲压，一般都采用自动送料，导料板对条料的摩擦比较严重，此时最好采用滚动导向的导料装置，即使采用导料板，也不是全长均与条料接触，与条料接触部分采用镶件结构，镶件用优质钢并淬硬处理，可提高使用寿命。

（1）导料装置的形式　条料的导料形式有多种，常见的如图3-8所示。图3-8a、b所示为导轨式导料装置，由弹性卸料板2与刚性导料板1结合在一起使用，其中图3-8a所示结构多用于只有冲裁工序的级进模；图3-8b所示结构则多用于成形、弯曲级进模。为了适应高速、自动冲压，导料板常采用有凸台的形式，使条料在浮顶器的弹顶作用下，仍能在导料板中运动自如。

图3-8c所示为固定式导料杆导料，结构最简单，用于不便使用导轨式导料板、条料的料宽边缘完整平直无缺口和提高卸料板刚性的场合。图3-8d所示为浮动导料装置，浮顶式导料杆4下面装有压缩弹簧，当冲压结束后，上模上升时，在弹簧力的作用下，浮顶式导料杆被顶起，带动条料的料边使整个条料离开凹模平面至最高的送料位置，使条料在送进的过程中不会因为弯曲或拉深等成形工序而受到凹模的阻碍，保证送料顺利、到位精准。此结构广泛用于各种级进模中，但对于料宽的尺寸和形状精度要求较高。

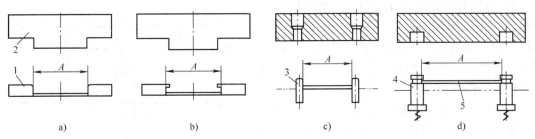

图 3-8 条料的导料形式
1—刚性导料板 2—弹性卸料板 3—固定式导料杆 4—浮顶式导料杆 5—条料

以上几种导料形式,可以在一副模具中单独使用,也可以混合使用,即在不同工位上使用不同的导料形式,在级进模中这也是常用的一种导料方法。

导料板的设计包括以下几个方面。

1) 导料板间距。导料板间距 A 与条料宽度 B 的关系可按下式确定

$$A = B + (0.1 \sim 0.2)\text{mm} \tag{3-1}$$

2) 导料板凸台宽度与高度。浮顶器将条料顶出一定高度,才能使条料在自动连续成形冲压时畅通无阻。顶出的高度由制件的最大成形高度决定。在浮顶器顶出状态下,条料的上下均需有一定间隙,如图 3-9 所示。导料板凸台宽度一般取 1.5~3mm,高度为 1.2~3.5mm;导料板的限制高度(即条料最大允许提升高度)H_0 由制件最大成形高度 h 决定,即

$$H_0 = h + (0.5 \sim 2)t + (1 \sim 5)\text{mm} \tag{3-2}$$

式中 h——制件最大成形高度;
t——板料厚度。

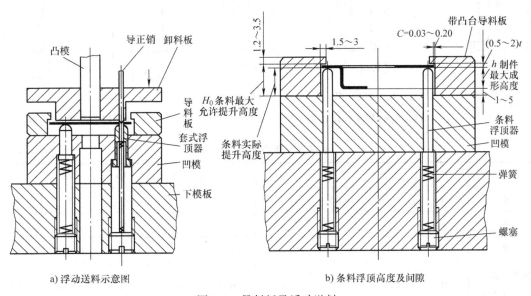

图 3-9 导料板及浮动送料

3) 导料板导正销避让缺口。当级进模采用双侧载体或单侧载体排样,导正孔设计在条料载体上时,导正销的安装位置常靠近导料板。因此,有凸台导料板应在凸台上开导正销的避让缺口,如图3-10所示。

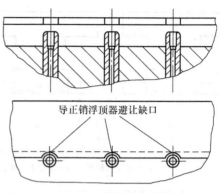

图3-10 导正销避让缺口

导料板需经淬火处理。若不进行淬火处理,采用侧刃定距时,则应镶侧刃挡块,侧刃挡块必须淬火,其硬度为55~58HRC。

(2) 浮顶装置类型

1) 普通型圆柱浮顶器,如图3-11所示。图3-11a所示为半球面型;图3-11b所示为局部球面型,适用于细小直径的浮顶器;图3-11c所示为平端面型,它是常用的一种浮顶器。

普通型圆柱浮顶器可设置在任何位置,浮顶器与凹模无严格的配合要求,但浮顶动作应可靠无阻滞,表面粗糙度值为$Ra(0.4~0.2)\mu m$。

2) 套式浮顶器。套式浮顶器应设置在导正销的相应位置。套式浮顶器与凹模的配合采用H7/h6或H6/h5,内孔与导正销有很小的间隙(G7/h6或G6/h5)。套式浮顶器如图3-12所示,其有关尺寸见表3-2。

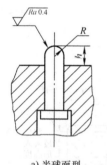

a) 半球面型

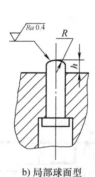

b) 局部球面型

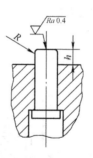

c) 平端面型

图3-11 普通型圆柱浮顶器

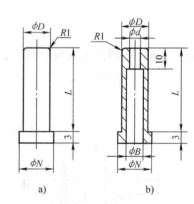

图3-12 套式浮顶器

表3-2 套式浮顶器尺寸 (单位:mm)

D	2.5	3.5	4.5	6	8	9	10	12	14
d	1	1.5	2.5	4	5	6	7	8	10
N	4	5	6	8	10	11	13	15	17
B	d+0.6			d+0.8			d+1.2		
弹簧安装孔口螺纹大径	M5	M6	M8	M10	M12	(M14)	M16	M18	M20

3）带导向槽的浮顶器。带导向槽的浮顶器是利用导向槽来引导条料，以此来代替导料板，且可使条料浮离凹模平面之上，如图3-13所示。当模具的局部或全部长度上不宜安装导料板时，可在模具工作型孔两侧或一侧沿送料方向安装带导向槽的浮顶器。在模具有侧向冲压的情况下，采用带导向槽的浮顶器是较方便的。级进模中常见的带导向槽的浮顶器如图3-13b、c、d所示。

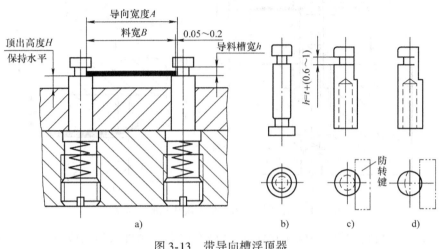

图3-13 带导向槽浮顶器

带导向槽的浮顶器，对条料的宽度公差和平面度要求很严格，否则将使条料送进产生较大的误差。导向槽的宽度要求如图3-14所示。

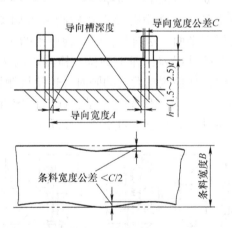

图3-14 导向槽浮顶器槽深与条料宽度公差的要求

卸料板上的浮顶器避让孔不能过深或过浅。当孔深过深时，造成条料被压入凹坑内；若孔深过浅，条料被向下挤入与浮顶销配合的孔内，如图3-15所示。图3-15中 A 为浮顶器顶面到导向槽中心的距离；B 为避让孔深；C 为浮顶器头部高度；D 为浮顶器的活动量；E 为凹模厚度；$F = E + 0.5t$；G 为浮顶器底面的最小留量；H 为台阶高度；h 为浮顶器的导向槽宽度。

2. 安全检测保护装置

级进模一般都采用自动送料，冲压速度很高，在冲压过程中可能会发生如材料误送、送

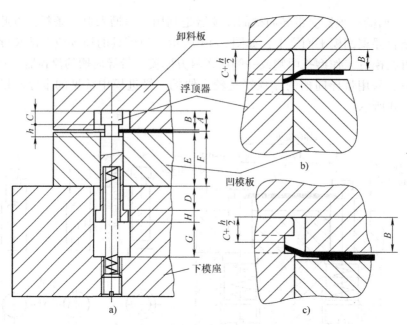

图 3-15 浮顶器与卸料板上避让孔的尺寸关系

进不到位、叠片、材料起拱、材料的厚度或宽度有误差、制件未顶出或下落等故障,从而导致模具不能正常工作,甚至造成模具或压力机损坏。设置安全检测保护装置就是为了代替操作人员检测冲压过程(包括原材料检测、进给检测、出件检测),有了故障及时发出信号,停止压力机运转,以保证模具或压力机不受损坏。

最常见的故障就是送进不到位,常用的导正孔检测装置如图 3-16 所示。正常情况下,浮动检测销的头部伸出卸料板下平面,送料到位时,检测销的头部能正确插入条料的指定孔(导正孔)内。如果条料发生送进误差,即不到位,检测销的头部无法进入条料的导正孔内,而是接触到条料的上表面,使检测销后退的同时,迫使接触杆向外移,使固定在固定板外侧的微动行程开关发出信号,压力机便紧急制动,此时固定在上模中的凸模尚未进入凹模,从而可防止误冲,保护模具,同时也可防止产生废品。

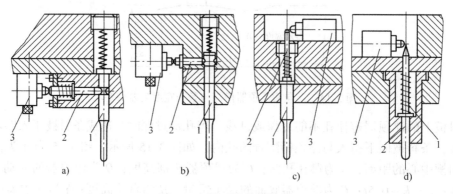

图 3-16 导正孔检测装置
1—浮动检测销 2—接触杆 3—微动开关

3. 绘制模具装配图

模具装配图中要确定该模具所使用的模架形式（包括导向系统）、卸料结构、导料装置、送料和定距方式、凸模、凹模的结构及固定方法等。此外模具在压力机上的安装固定方法、模具的闭合高度、所选用压力机型号和规格等均应在装配图上反映出来。完整的模具装配图应包括下列内容。

（1）俯视图或仰视图　俯视图（或仰视图）一般是将模具的上模部分（或下模部分）拿掉，视图只反映模具的下模俯视（或上模仰视）可见部分（这是冲模的一种习惯画法）。俯视图常放在图样的下面偏左，绘制装配图时，一般先画出。通过俯视图可了解模具零件的平面布置、排样方法及凹模孔的分布情况。仰视图一般在必要时才绘制。

（2）主视图　主视图放在图样的正中偏左，常取模具处于闭合状态，而且常用剖视画法。主视图可以充分反映模具各零部件的结构形状和某些设计要素。主视图是模具装配图的主体部分，一般不可缺少。

（3）侧视图和局部视图　这些视图只有在必要时绘制，模具的某些结构通过侧视图或局部视图可以表达得更清楚、完善。

（4）制件图和排样图　制件图常画在图样的右上角，同时要注明制件的材料名称和料厚，以及制件本身的尺寸、公差及有关技术要求。在制件图的下面绘制排样图。排样图上应标明料宽、步距和有关尺寸。对于复杂的级进模，制件图和排样图可以单独绘制。

（5）技术要求和说明　一般在装配图标题栏的上方写出该模具的冲压力大小、模具闭合高度、模具标记及其他要求。所选压力机型号及规格填写在标题栏的相关项目中。

（6）模具零件明细栏　明细栏中填写零件号及对应名称、数量、材料和标准代号、规格等。个别易损件需要增加备件的，可在附注栏中标明。

4. 绘制非标准件零件图

模具中的非标准件或采用标准件但需要局部加工时，均需绘制零件图。对模具零件图而言，视图的多少以能表达清楚为准。由于零件大小不一，对于一些特别小的几何要素部分，为表达清楚，常常用局部放大的画法表示。零件图应标明全部尺寸、公差配合、几何公差、表面粗糙度、材料热处理和其他有关技术要求等。

注意：一般情况下，装配图和零件图的绘制最好采用1:1比例，并严格执行机械制图国家标准。

二、相关实践知识

1. 定位方式设计

第1、2工步采用导正销对条料进行导向，精度高、操作方便；后续工步利用拉深件的内孔定位。

2. 压卸料方式确定

采用弹簧为弹性元件的卸料方式，保证卸料的稳定性。弹簧个数为12个，根据模具尺寸合理确定其位置。

3. 确定导向方式

上、下模座靠导柱和导套导向（4个），配合方式为滚动配合，以提高导向精度和模具寿命。同时，卸料板由小导柱和小导套导向（4个），以提高导向精度，减少凸模侧向压力，提高模具寿命。

4. 确定浮顶器结构

下模部分设置抬料钉，个数及位置根据工位情况确定。

5. 绘制壳体拉深级进模总装草图

根据电动机壳体产品图（图3-1），以及拉深件的结构特点和技术要求，确定拉深级进模的总体结构如图3-17所示。

模具的主要结构如下。

（1）导向装置　在模具总体结构设计中，采用双导向的结构，即4个大导柱保证上模、下模之间的精度，2块卸料板的8个小导柱保证卸料板与凸模固定板、凹模固定板之间的位置精度。

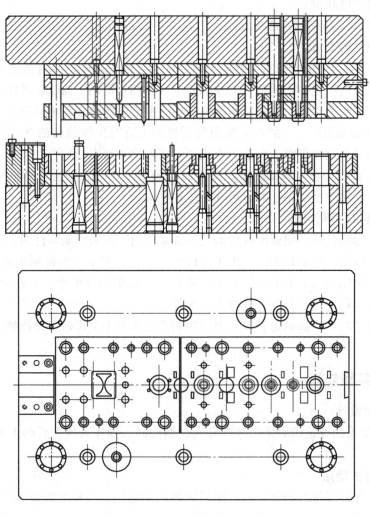

图3-17　电动机壳体拉深级进模

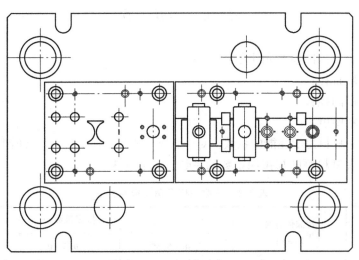

图 3-17　电动机壳体拉深级进模（续）

（2）卸料装置　卸料采用弹性卸料装置。小导柱装在凸模固定板上，卸料板、凹模上均装导套。小导柱将凸模固定板、卸料板、凹模三者联系起来成一体，使三者的对应型孔位置始终保持一致，此结构对于增强小凸模的刚性和导向效果非常好。凸模、凹模需刃磨时，分离上、下模也方便。

（3）导料与定位　条料的定距定位方式采用导正销和制件的外形进行定位。为了保证顺利送料，导料方式采用导料杆和浮顶杆结构。

（4）安全检测保护装置　在输送条料的末端采用检测器进行检测，以防止误送料。

任务五　壳体拉深级进模零部件设计

【教学目标】

1. 能合理设计拉深级进模工作零件。
2. 能合理设计拉深级进模定位零件。
3. 能合理设计拉深级进模导向零件。
4. 能合理设计拉深级进模卸料零件。

【工作任务】

根据电动机壳体产品图（图 3-1），以及拉深件的结构特点和技术要求，合理设计拉深级进模工作零件、定位零件、导向零件和卸料零件。

一、相关理论知识

1. 拉深级进模工作零件的结构和尺寸

（1）凸模、凹模的圆角半径

1）凹模圆角半径的确定。首次（包括只有 1 次）拉深凹模圆角半径可按下式计算

$$r_{A1} = 0.8\sqrt{(D-d)t} \tag{3-3}$$

或

$$r_{A1} = c_1 c_2 t$$

式中 r_{A1}——首次拉深凹模圆角半径；

D——毛坯直径；

d——凹模内径；

t——材料厚度；

c_1——考虑材料力学性能的系数，对于软钢、硬铝，$c_1=1$，对于纯铜、铝，$c_1=0.8$；

c_2——考虑材料厚度与拉深系数的系数，见表3-3。

表3-3 拉深凹模圆角半径系数 c_2

材料厚度 t/mm	拉深件直径 d/mm	拉深系数 m_1		
		0.48~0.55	>0.5~0.6	>0.6
0.5	≤50	79.5	67.5	56
	>50~200	8.5~10	7~8.5	6~7.5
	>200	9~10	8~10	7~9
>0.5~1.5	≤50	6~8	5~6.5	4~5.5
	>50~200	7~9	6~7.5	5~6.5
	>200	8~10	7~9	6~8
>1.5~3	≤50	5~6.5	4.5~5.5	4~5
	>50~200	6~7.5	5~6.5	4.5~5.5
	>200	7~8.5	6~7.5	5~6.5

以后各次拉深凹模圆角半径应逐渐减小，一般按下式确定

$$r_{Ai} = (0.6~0.8)r_{Ai-1} \quad (i=2,3,\cdots,n) \tag{3-4}$$

盒形件拉深凹模圆角半径按下式计算

$$r_A = (4~8)t \tag{3-5}$$

式中 t——材料厚度。

以上计算所得凹模圆角半径一般应符合 $r_A \geq 2t$ 的要求。

2) 凸模圆角半径的确定。首次拉深时可取

$$r_{T1} = (0.7~1.0)r_{A1} \tag{3-6}$$

最后一次拉深的凸模圆角半径 r_{Tn} 即等于制件圆角半径 r。制件圆角半径若小于拉深工艺性要求的值，则凸模圆角半径应按工艺性要求确定（即 $r_T \geq t$），然后通过整形工序得到制件要求的圆角半径。

中间各次拉深工序的凸模圆角半径可按下式确定

$$r_{Ti} = \frac{d_{i-1} - d_i - 2t}{2} \quad (i=2,3,\cdots,n) \tag{3-7}$$

式中 d_{i-1}，d_i——各工序件的外径。

（2）拉深模间隙 拉深凸模、凹模之间的间隙对拉深力、制件质量、模具寿命等都有影响。间隙小时，拉深力大，模具磨损大，但制件回弹小、精度高。间隙过小时，会使制件严重变薄甚至拉裂。间隙过大时，坯料容易起皱，制件锥度大、精度差。因此，应根据材料厚度及公差、拉深过程中材料的增厚情况、拉深次数、制件的形状及精度要求等，正确确定拉深模的间隙。

1) 无压边圈的拉深模的间隙。对于单边间隙系数 1~1.1，小值用于末次拉深或精密制件的拉深；大值用于首次和中间各次拉深或精度要求不高制件的拉深。

2) 有压边圈的拉深模的单边间隙可按表 3-4 确定。

表 3-4 有压边圈拉深时的单边间隙　　　　　　　　　　　　　　　（单位：mm）

总拉深次数	拉深工序	单边间隙 Z/2	总拉深次数	拉深工序	单边间隙 Z/2
1	1 次拉深	$(1\sim1.1)t$	4	第 1，2 次拉深	$1.2t$
2	第 1 次拉深	$1.1t$		第 3 次拉深	$1.1t$
	第 2 次拉深	$(1\sim1.05)t$		第 4 次拉深	$(1\sim1.05)t$
3	第 1 次拉深	$1.2t$	5	第 1，2，3 次拉深	$1.2t$
	第 2 次拉深	$1.1t$		第 4 次拉深	$1.1t$
	第 3 次拉深	$(1\sim1.05)t$		第 5 次拉深	$(1\sim1.05)t$

注：1. t 为材料厚度，取材料允许偏差的中间值（mm）。
　　2. 拉深精密制件时，对末次拉深间隙取 $Z/2 = t$。

对于精度要求高的制件，为了减小拉深后的回弹，常采用负间隙拉深模，其单边间隙值为

$$Z/2 = (0.9\sim0.95)t \tag{3-8}$$

3) 盒形件拉深模的间隙，可根据零件精度确定。当盒形件尺寸精度要求高时，$Z/2 = (0.9\sim1.05)t$；当精度要求不高时，$Z/2 = (1.1\sim1.3)t$。最后一次拉深取较小值。

最后一次拉深模的间隙，直边和圆角是不同的：圆角处的间隙比直边部分大 $0.1t$。圆角处的间隙确定方法见图 3-18。

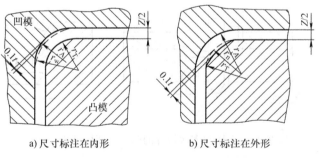

图 3-18 盒形件拉深模圆角间隙确定方法

当制件尺寸标注在内形时，凹模平面转角的圆角半径为

$$r_A = \frac{0.414r_w - 0.1t}{0.414} \tag{3-9}$$

当制件尺寸标注在外形时，凸模平面转角的圆角半径为

$$r_T = \frac{0.414 r_n + 0.1t}{0.414} \tag{3-10}$$

式中，$r_w = r_T + Z/2$；$r_n = r_A - Z/2$；t 为材料厚度。

(3) 凸模、凹模的结构　常见的凸模、凹模结构如下。

1) 不用压料的拉深模。图 3-19 所示为不用压料的一次拉深成形时所用的凹模结构。锥形凹模和等切面曲线形状凹模对抗失稳起皱有利。

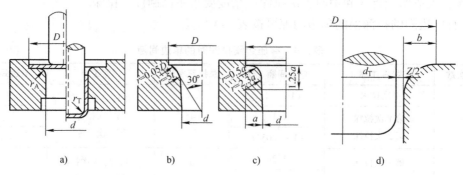

图 3-19　无压料一次拉深成形的凹模结构

图 3-20 所示为无压料多次拉深的凸模、凹模结构，其中尺寸 $a = 5 \sim 10$mm，$b = 2 \sim 5$mm。

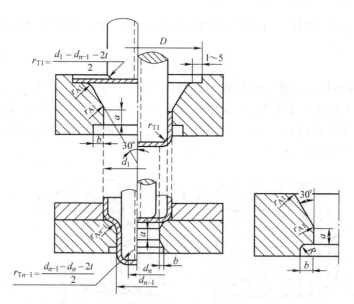

图 3-20　无压料多次拉深的凸模、凹模结构

2) 有压料的拉深模。图 3-21 所示为有压料多次拉深的凸模、凹模结构。图 3-21a 所示结构用于直径小于 100mm 的拉深件；图 3-21b 所示结构用于直径大于 100mm 的拉深件。这种结构除了具有锥形凹模的特点外，还能减轻材料的反复弯曲变形，提高制件的侧壁质量。凸模、凹模的锥角 α 大，对拉深有利。但材料相对厚度较小时，若 α 过大，容易起皱。板厚为 $0.5 \sim 1$mm 时，α 取 $30° \sim 40°$；板厚为 $1 \sim 2$mm 时，α 取 $40° \sim 50°$。

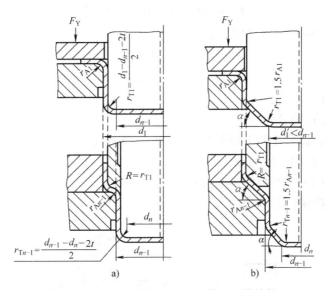

图 3-21 有压料多次拉深的凸模、凹模结构

设计拉深凸模、凹模结构时，必须十分注意前后两道工序的凸模、凹模形状和尺寸的正确关系：应使前道工序所得工序件的形状和尺寸有利于后一道工序的成形，而后一道工序的凸模、凹模及压边圈的形状应与前道工序所得工序件吻合，尽量避免坯料在成形过程中反复弯曲。

对于最后一道拉深工序，为了保证成品的底部平整，应按图 3-22 所示确定凸模圆角半径。对于盒形件，$n-1$ 次拉深所得工序件形状对最后一次拉深成形影响很大，因此第 $n-1$ 次拉深凸模的形状应设计成底部具有与制件底部相似的矩形（或方形），然后以 45°斜角向壁部过渡（图 3-22c），这样有利于最后拉深时金属的变形。图中尺寸 b 为

$$b = B - 1.11 r_{Tn} \tag{3-11}$$

式中　B——盒形件长度或宽度；
　　　r_{Tn}——最后一次拉深凸模圆角半径。

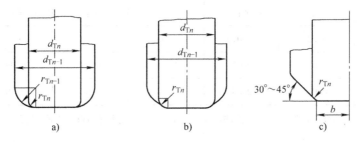

图 3-22 最后拉深工序凸模底部的设计

（4）凹模工作部分的尺寸及公差　对于最后一道工序的拉深模，其凸模、凹模的尺寸及公差应按制件的要求来确定，如图 3-23 所示。

当制件尺寸标注在外形时（图 3-23a）

$$D_A = (D_{max} - 0.75\Delta)^{+\delta_A}_0 \tag{3-12}$$

$$D_{T} = (D_{max} - 0.75\Delta - Z)_{-\delta_T}^{0} \tag{3-13}$$

当制件尺寸标注在内形时（图3-23b）

$$d_{T} = (d_{min} + 0.4\Delta)_{-\delta_T}^{0} \tag{3-14}$$

$$d_{A} = (d_{min} + 0.4\Delta + Z)_{0}^{+\delta_A} \tag{3-15}$$

式中　D_A、d_A——凹模的尺寸；

　　　D_T、d_T——凸模的尺寸；

　　　D_{max}、d_{min}——制件外径的上极限尺寸和内径的下极限尺寸；

　　　Δ——制件的尺寸公差；

　　　δ_A，δ_T——凹模、凸模的制造公差，见表3-5；

　　　Z——拉深模的双边间隙。

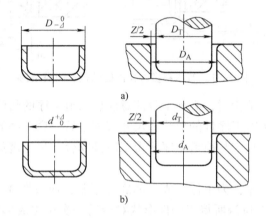

图3-23　拉深凸模、凹模尺寸的确定

表3-5　凸模制造公差δ_T与凹模制造公差δ_A　　　　　　　　　　　　（单位：mm）

材料厚度 t	制件直径 d					
	≤20		>20~100		>100	
	δ_A	δ_T	δ_A	δ_T	δ_A	δ_T
≤0.5	0.02	0.01	0.03	0.02	—	—
>0.5~1.5	0.04	0.02	0.05	0.03	0.08	0.05
>1.5	0.06	0.04	0.08	0.05	0.10	0.06

注：凸模的制造公差等级在必要时可提高至IT6~IT8。若制件公差等级在IT13以下，则凸模制造公差等级可以采用IT10。

对于多次拉深，工序件尺寸无须严格要求，所以中间各工序的凸模、凹模尺寸可按下式计算

$$D_{A} = D_{0}^{+\delta_A} \tag{3-16}$$

$$D_{T} = (D + Z)_{-\delta_T}^{0} \tag{3-17}$$

式中　D——各工序件的公称尺寸。

2. 拉深级进模定位零件设计

在拉深级进模中,冲压零件采用导正销和冲制零件的外形或内形定位。

3. 拉深级进模导向零件设计

在拉深级进模总体结构设计中,导向零件一般采用滚动式的导柱和导套。

4. 拉深级进模卸料零件设计

拉深级进模的卸料装置有两种形式:弹性卸料和固定卸料。主要卸料零件有卸料板、卸料固定板、弹性元件等。

二、相关实践知识

拉深模的凸模、凹模之间的间隙应根据材料厚度及其公差、拉深过程中材料的增厚情况、拉深次数、制件的形状及精度要求等正确确定。无压边圈的拉深模,其间隙按下列公式计算

$$Z/2 = (1 \sim 1.1) t_{max} \tag{3-18}$$

式中 Z——拉深模的双边间隙;

t_{max}——材料厚度的上极限尺寸。

有压边圈的拉深模,其单边间隙可查冲压模具设计手册。

对于精度要求高的制件,为了减少拉深后的回弹,常采用负间隙拉深模。

拉深凸模、凹模工作部分的尺寸及其公差应按制件的要求来确定。当制件尺寸标注在外形时,以凹模尺寸为基准,间隙放在凸模上;当制件尺寸标注在内形时,以凸模尺寸为基准,间隙放在凹模上。凸模、凹模的制造公差可查表确定。

1. 工作零件结构设计

该级进模工作零件(凸模和凹模)采用镶块结构,以便于更换和维修。

2. 计算凸模、凹模工作部分尺寸

(1) 冲裁部分凸模和凹模刃口尺寸计算

冲裁模刃口双面间隙:$Z_{min} = 0.04$mm,$Z_{max} = 0.06$mm。

刃口计算采用配作加工法。

1) 冲孔刃口尺寸以 $\phi 5.6^{+0.3}_{0}$mm 计算:

冲孔凸模刃口尺寸 $d_p = (d_{min} + x\Delta)^{0}_{-\delta_p} = (5.6 + 0.5 \times 0.3)^{0}_{-0.075}$mm $= 5.75^{0}_{-0.075}$mm

冲孔凹模刃口尺寸按凸模实际刃口尺寸配作,保证最小双面间隙0.04mm。

2) 落料刃口尺寸以 $\phi 17.0^{0}_{-0.2}$mm 计算:

落料凹模刃口尺寸 $O_d = (O_{max} - x\Delta)^{+\delta_d}_{0} = (17 - 0.5 \times 0.2)^{+0.05}_{0}$mm $= 16.90^{+0.05}_{0}$mm

落料凸模刃口尺寸按凹模实际刃口尺寸配作,保证最小双面间隙0.04mm。

(2) 拉深凸模和凹模尺寸计算

有压边圈的拉深模,其双边间隙为 Z,单边间隙为

$$Z/2 = (1 \sim 1.1) t \quad 取 \quad Z/2 = 0.425 \text{mm}$$

由于该拉深件尺寸标注在外形，为 $\phi 16.0 \pm 0.1$ mm，则

拉深凹模尺寸 $D_A = (D_{max} - 0.75\Delta)^{+\delta_A}_{0} = (16.1 - 0.75 \times 0.2)^{+\delta_A}_{0}$ mm $= 15.95^{+0.05}_{0}$ mm

拉深凸模尺寸 $D_T = (D_{max} - 0.75\Delta - Z)^{0}_{-\delta_T} = (15.95 - 2 \times 0.425)^{0}_{-\delta_T}$ mm $= 15.10^{0}_{-0.075}$ mm

3. 凹模、凸模各孔位置尺寸

在该制件中，孔位置尺寸较多，其公称尺寸可按排样图确定，其制造公差由设计人员根据相关设计手册确定。

4. 凸模固定板各孔尺寸

凸模固定板与凸模配合，通常按 H7/n6 或 H7/m6。选取 H7/n6 配合，查标准公差值表可得各型孔尺寸公差。

5. 工作零件图绘制

根据电动机壳体产品图（图3-1），以及拉深件的结构特点和技术要求，设计该拉深级进模工作零件如图3-24至图3-28所示。

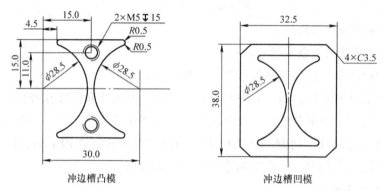

图 3-24 冲边槽凸模和凹模

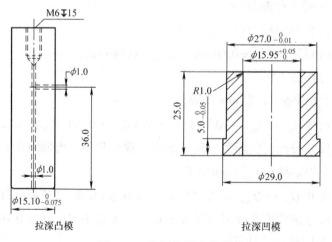

图 3-25 拉深凸模和凹模

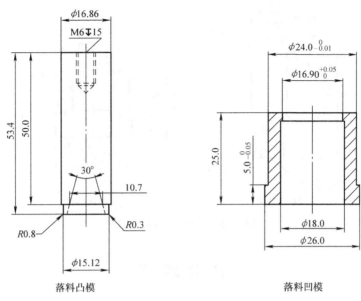

图 3-26 落料凸模和凹模

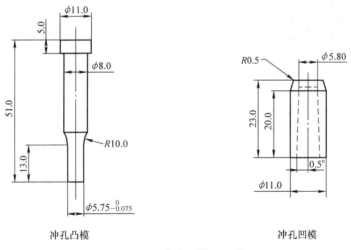

图 3-27 冲孔凸模和凹模

6. 定位零件设计

冲制条料的定位方式为采用导正销和冲制零件的外形进行定位。定位零件为导正销。

7. 导向零件设计

导向零件采用滚动式导柱、导套结构，其结构和尺寸选用标准件。

8. 卸料零件设计

卸料装置采用弹性卸料装置，主要卸料零件由卸料板、弹性元件组成。

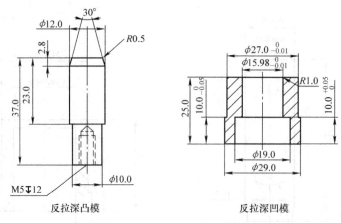

图 3-28 反拉深凸模和凹模

思 考 题 三

1. 设计拉深级进模要考虑哪些问题？
2. 如何选择条料连续拉深的工艺切口形式？
3. 设计拉深级进模排样图时要考虑哪些因素？
4. 拉深级进模的设计要点有哪些？
5. 设计拉深级进模的结构要考虑哪些问题？

项目四 汽车覆盖件前翼子板冲模设计

【教学目标】

1. 掌握汽车覆盖件前翼子板冲压成形特点和要求。
2. 掌握汽车覆盖件前翼子板冲压成形工艺设计。
3. 初步掌握汽车覆盖件前翼子板冲压模具的结构特点和拉深(拉延)模、修边模、翻边模的设计方法。
4. 掌握汽车覆盖件冲压设备的特点和压力机的类型。

【工作任务】

根据图4-1所示汽车覆盖件前翼子板产品图,完成下列任务:
1. 根据提供的汽车覆盖件前翼子板产品图,完成冲压成形工艺设计。
2. 设计汽车覆盖件前翼子板冲压模具。

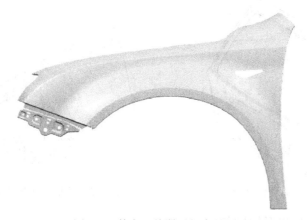

图4-1 某车型前翼子板产品图

任务一 汽车覆盖件前翼子板冲压成形特点和要求

【教学目标】

通过本任务的学习,使学生能了解汽车覆盖件前翼子板冲压成形的特点和要求。

【工作任务】

根据汽车覆盖件前翼子板产品图（图4-1），分析其结构特点和技术要求，了解汽车覆盖件前翼子板冲压成形的特点和要求。

一、相关理论知识

1. 汽车覆盖件的含义

汽车覆盖件主要指覆盖汽车发动机和底盘、构成驾驶室和车身的一些零件，如轿车的挡泥板、顶盖、车门外板、发动机舱盖、散热器盖、行李舱盖等。由于覆盖件的结构尺寸较大，所以也称为大型覆盖件。部分汽车覆盖件如图4-2～图4-5所示。

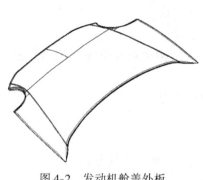

图4-2　发动机舱盖外板

图4-3　右前翼子板

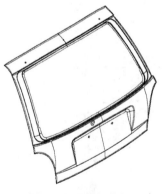

图4-4　后背门外板

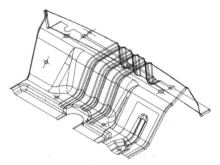

图4-5　后底板中横梁托板

2. 汽车覆盖件冲压成形的特点

由于汽车覆盖件大都是空间曲面结构，形状复杂，从而决定了其在冲压成形中的变形较复杂，变形规律不易被掌握，出现的质量问题也比较多，因此在拉深（拉延）件的设计、冲压工艺的设计、模具的设计中不能像轴对称零件那样可以较容易地计算主要工艺参数、模具参数等。在工程实践中，还要大量应用经验类比和冲压变形趋向性分析进行冲压工艺设计和模具设计。

汽车覆盖件冲压成形之所以能成为冲压成形领域的一个重要组成部分，是因为汽车覆盖件不仅有多方面的、很高的质量要求，而且其本身具有独特的结构形状特点及冲压成形特点。

(1) 汽车覆盖件的质量要求　一般来说，汽车覆盖件应满足以下要求：

1) 尺寸精度高。汽车覆盖件必须有很高的尺寸精度（包括轮廓尺寸、孔位尺寸、局部形状的各种尺寸等），以保证焊装或组装时的准确性、互换性，便于实现车身焊装的自动化和无人化，也保证车身外观形状的一致性和美观性。

2) 形状精度高。特别是对外覆盖件，要求具有很高的形状精度，必须与主模型相符合。否则将偏离车身总体设计，不能体现车身的造型风格。

3) 表面质量高。外覆盖件（尤其是轿车）表面不允许有波纹、皱纹、凹痕、擦伤、压痕等缺陷，棱线应清晰、平直，曲线应圆滑、过渡均匀。

4) 刚性好。覆盖件在成形过程中，材料应有足够的塑性变形，以保证制件具有足够的刚性，使汽车在行驶中受振动时不产生较大的噪声，更不能因振动而过早产生损坏。

5) 良好的工艺性。良好的工艺性是针对产品结构设计而言，即在一定生产规模条件下，能够较容易地安排冲压工艺和冲压模具设计，能够经济、安全、稳定地获得高质量产品。

(2) 汽车覆盖件的结构特点　同一般冲压件相比，汽车覆盖件的主要特点有：

1) 结构尺寸大。

2) 相对厚度小。板料的厚度一般为 0.8~1.2mm，相对厚度（板厚与坯料最大长度之比）最小可达 0.0003。

3) 形状复杂。不能用简单的几何方程式来描述其空间曲面。

4) 轮廓内部带有局部形状。这些内部形状的成形往往对整个冲压件的成形有很大的影响，甚至是决定性的影响。

(3) 汽车覆盖件的成形特点　汽车覆盖件的质量要求和结构特点决定了其冲压成形的特点。主要有以下几方面：

1) 一次拉深成形。对于轴对称零件或盒形零件，若拉深系数小于一次拉深的极限拉深系数，则不能一次拉深成形，而需要采用多次拉深成形方法，可以计算出每次拉深的拉深系数等工艺参数及中间件的尺寸。但对于汽车覆盖件来说，由于其结构复杂、变形复杂，其规律难以定量把握，以目前的技术水平还不能确定多次拉深的工艺参数，而且多次拉深易形成的冲击线、弯曲痕迹线也会影响涂装后的表面质量，这对覆盖件是不允许的。因此，汽车覆盖件的成形都是采用一次拉深成形的方法。

2) 拉胀复合成形。在汽车覆盖件的成形过程中，坯料变形不是简单的拉深成形，而是拉深和胀形同时存在的复合成形。一般来说，除内凹形轮廓（如 L 形轮廓）对应的压料面外，压料面上坯料的变形为拉深变形（径向为拉应力，切向为压应力），而轮廓内部（特别是中心区域）坯料的变形为胀形变形（径向和切向均为拉应力）。

3) 局部成形。对于轮廓内部有局部形状的零件，冲压成形时，压料面上的坯料受到压边圈的压力，随着凸模的下行而首先产生变形并向凹模内流动，当凸模下行到一定深度时，局部形状开始成形，并在成形过程的最终时刻全部贴模。所以，局部形状外部的坯料难以向该部位流动，该部位的成形主要靠坯料在双向拉应力下的变薄来实现面积的增大，即这种内部局部成形为胀形成形。

4) 变形路径变化。汽车覆盖件冲压成形时，内部的坯料不是同时贴模，而是随着冲压过程的进行而逐步贴模。这种逐步贴模过程使坯料保持塑性变形所需的成形力不断变化，坯料各部位板面内的主应力方向与大小、板平面内两主应力之比（σ_2/σ_1）等受力情况不断变化，坯料（特别是内部坯料）产生变形的主应变方向与大小、板平面内两主应变之比（$\varepsilon_2/\varepsilon_1$）等变形情况也随之不断地变化，即坯料在整个冲压过程中的变形路径（即 $\varepsilon_2/\varepsilon_1$）不是一成不变的，而是变路径的。

二、相关实践知识

1. 前翼子板的特点

(1) 前翼子板及其作用　翼子板是遮盖车轮的车身外板，因旧式车身该部件形状及位置似鸟翼而得名。按照安装位置，它分为前翼子板和后翼子板。前翼子板件是轿车总装中的直属件，一般都由钣金冲压件制成。前翼子板与前翼子板衬用螺钉组合后，安装于轿车前部左、右侧面，成为车前部侧面的保护面。由于车身这个区域的搭接关系复杂，往往与前车门、侧围A柱、发动机舱盖、前照灯和前保险杠都要搭接，使得前翼子板与其他件的安装配合结构复杂；同时作为影响外观效果的重要区域，前翼子板与周边部件的间隙配合要求也非常高，因此要求翼子板具有好的刚度，能长久保持形状。另一方面，作为车身前部的主要区域，前翼子板又不能过硬，即强度要小，才能保证发生碰撞时最大限度地保护行人。大部分轿车的前翼子板是独立的，因为前翼子板碰撞机会比较多，单独拆装易于维修。

(2) 前翼子板的常用材料　汽车车身覆盖件绝大部分采用钢板制造。目前在汽车生产中，使用得最多的是普通低碳钢板。低碳钢板具有很好的塑性，强度和刚度也能满足汽车车身的要求，同时能满足车身拼焊的要求，因此在汽车车身上应用很广。另外，镀锌薄钢板、高强度钢板等材料也广泛应用于汽车制造。

近几年很多汽车制造商推出了使用复合塑料的翼子板，像片状模塑料（SMC）等高强度复合材料被广泛应用在翼子板的设计制造上。目前国外很多车型都采用了复合塑料翼子板，像雷诺、标致、路虎、阿尔法罗密欧等车型都有使用。复合塑料翼子板在某些方面体现出了优势：一次成型，可以降低模具成本；重量轻，实现车身轻量化；强度低，发生碰撞时对行人的伤害性小，提高了车辆的行人保护性能；可承受一定弹性变形，能抵御轻微碰撞，维修简单。今后，用PA/PP合金注射成型也是一种发展方向。

(3) 前翼子板的几何形状特点　前翼子板通常具有复杂的空间自由曲面。图4-6所示为某轿车的前翼子板的外观图，可以看出，从视觉角度上看，它有着清晰的装饰棱线及高度流畅光顺的表面。它在几何形状上具有如下特点：

1）拉深深度大（可达170~240mm）。
2）外形复杂且不对称。
3）有外凸或内凹的底。

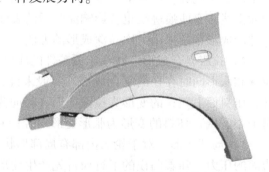

图4-6　某轿车的前翼子板外观图

4）如把前翼子板划分为若干近似规则曲面，则它是由若干小曲面片拼接而成的，且多数曲面片之间是光滑连接。

5）在曲面的边界上，可能会存在一定数量的奇点，奇点的存在会对采用计算几何方法进行曲面构造带来困难，也容易在采用三维软件造型时产生数据缺失。

2. 汽车覆盖件前翼子板冲压成形的特点

前翼子板是遮盖车轮的车身外板，是影响整车外观质量的关键覆盖件。前翼子板位于发动机舱盖左右两侧，汽车前轮的上方，由于其形状不规则，成形工艺比较复杂，而该覆盖件的外观和装配要求又非常高，使得前翼子板的结构往往非常复杂，给制造带来了难题，钣金件的翼子板往往需要5～6个甚至更多的冲压工序，冲压成形和修边的难度非常大。

3. 汽车覆盖件前翼子板的成形要求

（1）表面质量　如图4-7所示，覆盖件表面不允许有波纹、皱纹、凹痕、边缘拉痕、擦伤及其他破坏表面完美的缺陷。覆盖件上的装饰棱线、装饰盘条要求清晰、平滑、左右对称及过渡均匀。覆盖件之间的装饰棱线衔接处应吻合，不允许参差不齐。表面上的一些微小缺陷都会在涂装后引起光的漫反射而影响外观。

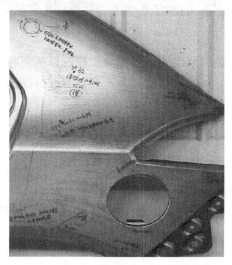

图4-7　翼子板表面质量检测

（2）尺寸和形状应符合覆盖件零件图和汽车主模型　覆盖件间的装配多采用点焊，间或用螺钉连接。装配连接处的两个覆盖件的空间曲面必须一致，衔接处也是如此。

覆盖件零件图只能表示一些主要尺寸，覆盖件的外形尺寸，其上孔、局部凸包和其他类似部分的尺寸，过渡部分的尺寸则需依据主模型。主模型是根据定型后的主图板制造的。制造主模型的材料有木质和玻璃钢两种。个体主模型经装配后成为整体汽车主模型。由于覆盖件形状复杂、空间曲面多，无法通过零件图完全表达出来，只能依赖于主模型。因此，主模型是覆盖件零件图必要的补充，真正能表示覆盖件的不是覆盖件零件图，而是主模型。主模型也是覆盖件冲模、焊装夹具和检验夹具制造的标准。前翼子板检验夹具如图4-8所示。

（3）刚性　在拉深过程中，由于材料的塑性变形不够而使覆盖件的一些部位刚性差，造成覆盖件受振动后产生空洞声，表现为敲击拉深件时其音频不一，用手按时会发出"乒乓"声。用这样的覆盖件装车，在汽车行驶过程中会因振动而造成覆盖件过早损坏。

（4）工艺性　覆盖件的工艺性关键在于拉深的可能性和可靠性，即拉深的工艺性，而拉深工艺性的好坏主要取决于覆盖件的形状。如果覆盖件能进行拉深，对于拉深以后的工序仅是确定工序数和安排工序间的先后次序问题。覆盖件一般都是一次拉深成形；为了实现拉深或创造良好的拉深条件，可将翻边展开，窗口补满再加添工艺补充部分而构成一个拉深件。

图 4-8　前翼子板检验夹具

工艺补充部分是拉深件必不可少的组成部分。拉深以后要将工艺补充部分修掉，所以工艺补充部分也是冲压工艺上必要的材料消耗。工艺补充部分的多少取决于覆盖件的结构。

任务二　汽车覆盖件前翼子板冲压成形工艺设计和冲压设备选择

【教学目标】

通过本任务的学习，使学生能掌握汽车覆盖件前翼子板的冲压成形工艺设计方法及冲压所用设备的选择方法。

【工作任务】

根据汽车覆盖件前翼子板产品图（图4-1），设计汽车覆盖件前翼子板的冲压成形工艺，并对冲压所用设备进行选择。

一、相关理论知识

1. 汽车覆盖件冲压的基本工序

汽车覆盖件的形状复杂、尺寸大，因此一般不可能在一道冲压工序中直接成形，有的需要十几道工序才能完成。汽车覆盖件冲压的基本工序有：落料、拉深、整形（也称校形）、修边、翻边和冲孔等。根据需要和可能性可以将一些工序合并，如落料拉深、修边冲孔、修边翻边、翻边冲孔等，还有的需要分几道工序加工不同的部位。

落料工序主要用于获得拉深工序所需的坯料形状和尺寸。有的大型覆盖件的下料工序利用剪板机对板材进行裁剪，以减少落料模的费用。

拉深工序是覆盖件冲压的关键工序，覆盖件的形状大部分是在拉深工序形成的。

拉深模的结构如图4-9和图4-10所示。

整形工序的主要内容是将拉深工序中尚未成形的覆盖件形状成形出来。整形工序的变形性质一般是胀形变形，常复合在修边或翻边工序中。翻边工序位于修边工序之后，其主要任务是进行覆盖件边缘的竖边成形。整形模的结构如图 4-11 所示。

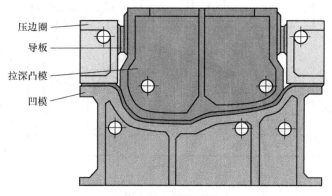

图 4-9　双动拉深模

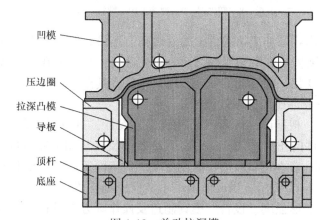

图 4-10　单动拉深模

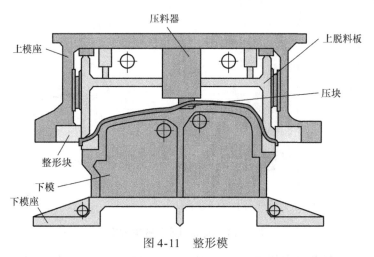

图 4-11　整形模

修边工序的主要内容是切除拉深件上的工艺补充部分。这些工艺补充部分只是拉深工序的需要，拉深完成后要切除掉。修边模的结构如图 4-12 所示。

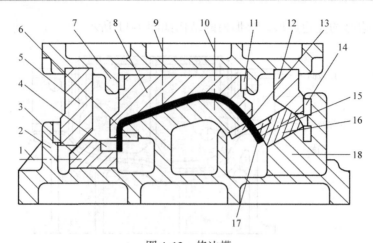

图 4-12 修边模

1、15—复位弹簧　2—下模　3、16—滑块　4、17—修边凹模　5、12—斜楔
6、13—凸模镶块　7—上模　8—卸件器　9—弹簧　10—螺钉　11、14—防磨板　18—背靠块

冲孔工序的主要内容是加工覆盖件上的安装孔、连接孔等各种孔。冲孔工序一般安排在拉深工序之后，有的要安排在翻边工序之后。若先冲孔，会造成在拉深或翻边时孔位变化和孔的尺寸、形状发生变化，使后面的安装和连接错位，甚至不能安装和连接。

2. 汽车覆盖件一般冲压工艺设计流程

（1）成形性分析　根据产品图及产品冲压工艺设计，进行详细的车身覆盖件工艺性分析。首先了解该覆盖件的作用、强度、表面质量要求及其与相关零件的装配关系等。其次，观察覆盖件有无成形困难的局部形状（急剧变化、负角面等）。在条件许可的情况下，尽量满足设计要求。如图4-13所示，当成形困难不能保证稳定批量生产时，应与客户协商进行修改（从材料的许用变形强度、设备、模具制造及操作等方面进行考虑）。

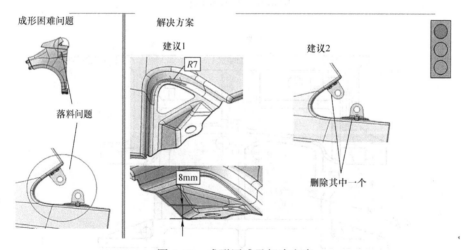

图 4-13 成形困难及解决方案

（2）工艺规划　要做出合格的产品，需要确定合理的工艺。在满足制件质量要求的前提下，应尽量减少工序，节省模具数量，节约成本。为了创造良好的拉深条件，必须合理考虑冲压力、工艺补充部分形状以及压料面形式、拉深筋布置等重要工艺因素。

在制定冲压工艺时，还要进行所设计工艺的经济性分析评价，工艺、模具结构及自动化方案都必须适应生产量，即工艺水平、模具水平、物流方式、生产方式或新增设备都要以经济性最佳为最终目标。

某覆盖件成形路线如图4-14所示。

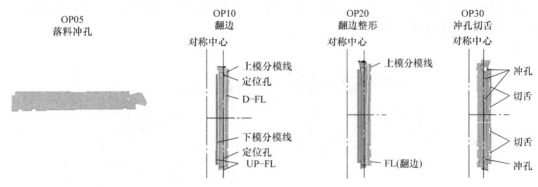

图4-14　某覆盖件成形路线

（3）计算机辅助工程（CAE）分析　在确定大致的工序后，应明确每道工序的加工内容，然后利用有限元软件在计算机上进行模拟分析。得到满意的结果后，根据模拟参数设计冲压工艺卡，为模具设计人员制定设计依据。如果得不到满意的结果，则需重新规划工艺，或向客户提出产品修改建议。某左侧围外板成形CAE分析如图4-15所示。

（4）模具设计　模具设计人员根据冲压工艺卡及设计依据进行模具设计。在设计过程中要结合实际生产条件，关注局部细节（如孔、孔距、凸凹、加强筋等）的精度，发现问题并及时与工艺人员沟通。设计内容包括上、下模座，工作零件，导向零件，定位零件和进出料装置等。

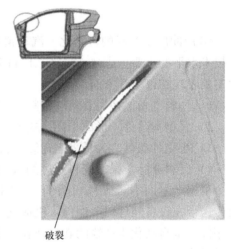

图4-15　某左侧围外板成形CAE分析

（5）模具加工　模具设计完成后，由数控编程和模型制造人员按照冲压工艺流程图和模具图样进行数控编程和模型制造，最后按照模具图样要求进行机械加工和模具装配调试，最终调试出合格的产品。

3. 汽车覆盖件冲压生产设备

汽车覆盖件的冲压生产特点，决定了其生产设备及自动化也有特点。

（1）拉深工序多采用宽台面双动压力机　由于汽车覆盖件形状复杂，既需要设备有很大的行程和拉深力，又需要很大的压边力，而且压边力的大小和在压料面不同部位上的分布要能够调节。单动压力机很难达到以上要求。双动压力机有分别运动的内、外两个滑块，内滑块提供拉深成形力，外滑块提供很大而稳定的压边力，有利于拉深过程中压边力的控制。因此，汽车覆盖件的拉深工序广泛采用10000～20000kN的双动压力机。

（2）广泛采用单动宽台面多点压力机　由于汽车覆盖件轮廓尺寸大而材料厚度小，所需台面尺寸较大，在进行修边、校形、翻边、冲孔等冲压加工时偏心力较大，因而广泛采用宽台面多点压力机。同时为了缩短换模时间，广泛采用带活动工作台面的压力机。

（3）广泛采用冲压生产线（图4-16）　汽车车身生产都是大批量生产，为提高生产率、稳定质量，一般采用冲压生产线方式生产。冲压生产线的设备一般按工艺流程配置，通常以双动压力机为首，加上4~5台单动宽台面压力机。排列方式多采取贯通式纵向排列，也有采用压力机横向排列的。

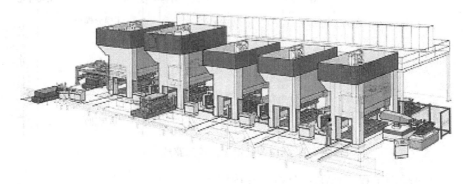

图4-16　冲压生产线

（4）冲压生产线的自动化　汽车覆盖件冲压生产的机械化和自动化程度是汽车车身制造技术水平的重要标志之一。多工位自动压力机如图4-17所示。冲压生产的机械化和自动化主要表现在以下几方面。

1）坯料准备。使用卷料、带料，实现卷料的开卷、校平、落料自动化。
2）大型覆盖件。形成不同形式的冲压自动线和机械化冲压生产线。
3）小型冲压件。大量采用连续或自动冲模，采用高速压力机实现冲压生产的高速化。
4）废料排除。采用废料处理的自动化系统。

根据产量的不同，生产线的自动化程度也不同。半机械化生产线采用人工上料、取件，由传送带在设备间运输工序件；机械化生产线采用自动上料、取件，由传送带在设备间运输工序件；全自动化生产线的卷料开卷、上料、涂润滑油、取件、工序件翻转、输送、工序件的质量检测等全部由程序控制或计算机控制，全生产线实现无人化生产。

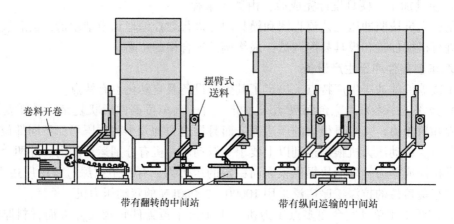

图4-17　多工位自动压力机

二、相关实践知识

1. 汽车覆盖件前翼子板冲压工艺设计

本项目中的前翼子板需 5 道工序成形：第 1 道为拉深；第 2 道为修边 + 整形 + 侧冲孔；第 3 道为修边 + 侧修边 + 整形；第 4 道为侧整形 + 冲孔；第 5 道为翻边 + 侧整形 + 冲孔，如图 4-18 所示。

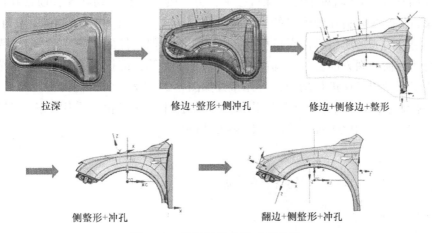

图 4-18　前翼子板成形工艺路线

2. 汽车覆盖件前翼子板的拉深

（1）汽车覆盖件前翼子板拉深工艺设计

1）确定冲压方向。正确选择冲压方向不仅是获得理想拉深件的前提，而且对后续冲压工序安排会产生较大影响。根据冲压方向的确定原则，初步确定冲压方向如图 4-19 所示。

2）工艺补充和压料面。根据内孔封闭补充原则和简化拉深件结构形状原则及压料面的设计要求，确定工艺补充和压料面的形状如图 4-20 所示。

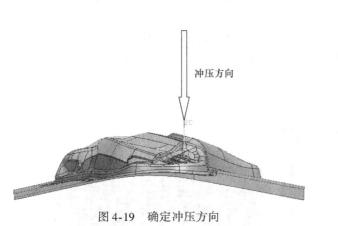

图 4-19　确定冲压方向

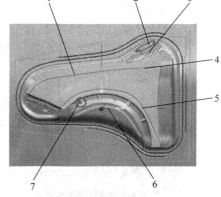

图 4-20　工艺补充和压料面

图 4-20 中：
- 保持特征线 1 两侧拉深时进料阻力一致。

- 工艺补充面2用来保护吸收冲击线料区。
- 确保外观面3不产生冲击线对应模口线外移。
- 确保外观面4、5不产生滑移线。
- 工艺补充面6用来保护相邻特征线,分散接触压力,同时保证两侧拉深时进料阻力一致。
- 加若干储料包7,以防止后序翻边过程出现开裂。

3)拉深筋设计。在前翼子板拉深过程中,为了改善坯料流动状况,通常在凹模口设置不同的拉深筋,改变坯料在凹模口的拉深阻力分布形式,从而平衡坯料在凹模口的流动速度差异,提高制件的成形质量。前翼子板形状复杂,为确保制件的充分变形,使得制件变形后有足够的刚性,在一圈方筋之外,局部地方另设了一条筋,即拉深筋采取分段布置方式,以调整坯料的流入量和确保进料均匀,具体布置如图4-21所示。

4)坯料形状和尺寸设计。坯料形状采用一步法计算并优化,采用一模一件生产方式,坯料尺寸为1435mm×1060mm,形状如图4-22所示。

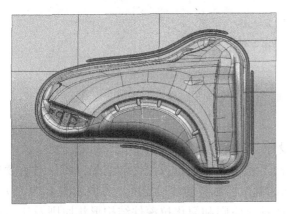

图4-21 分段式拉深筋布置

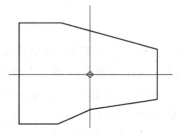

图4-22 坯料形状

(2)拉深工艺设计需注意的问题　前翼子板是车身上最关键的外观件之一,拉深时要注意以下几个问题:

1)成形过程中除了不能起皱、开裂外,还必须保证制件的表面质量。

① 不能留下滑移线、冲击线(图4-23、图4-24)。

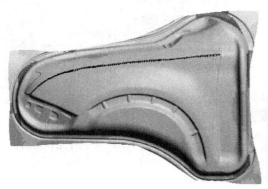

图4-23 滑移线分析结果符合要求

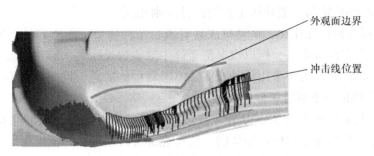

图 4-24　冲击线分析结果符合要求

② 变形要充分，最小变形量要达到 4%。

③ 要考虑对后续工序的影响，确保后续工序的定位、修边、翻边没有问题。

2）CAE 分析。所有工艺方案必须通过 CAE 分析才能投入加工。图 4-25 所示为前翼子板的 CAE 分析结果。

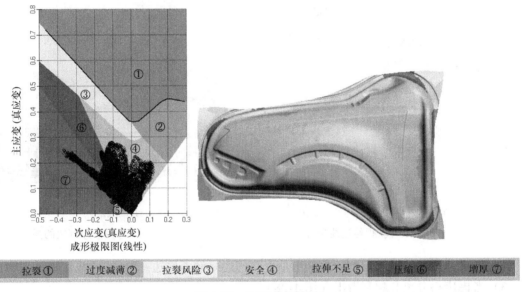

图 4-25　CAE 分析结果

（3）冲压设备选择　双动压力机具有行程大、压边力稳定且容易调整等特点。在选用双动压力机时，主要从以下几方面考虑：

1）拉深力。对于汽车覆盖件的拉深成形，很难计算出较准确的拉深力，一般要根据工艺人员的经验估测出所需成形力。拉深成形所需的拉深力要小于双动压力机内滑块的公称力。

2）压边力。一般也是由工艺人员估测拉深成形所需压边力。拉深成形所需的压边力要小于外滑块公称力。

3）模具外形尺寸。设备工作台面尺寸要大于模具外形尺寸（一般每个方向要大出 200mm 以上），以方便地安装模具。

4）拉深件的深度。设备内滑块的行程要比拉深件深度的二倍大 200mm 以上；设备外滑块的行程要比拉深件深度大 200mm 以上。

5)闭合高度的确定与一般冲压工艺的设计原则相同。

6)与双动压力机拉深相比,单动拉深具有模具结构简单、制造容易、价格较低、便于实现自动化、生产率高等优点,所以汽车覆盖件中除少数尺寸大、形状复杂、拉深深度大的覆盖件采用双动拉深外,大多采用单动拉深。本项目中的前翼子板即采用单动拉深。

3. 汽车覆盖件前翼子板拉深件的修边

(1)前翼子板拉深件修边工序分析 修边工序是将为保证拉深成形而在冲压件的周围增加的工艺补充部分和冲压件内部增加的工艺补充部分冲裁掉的冲压工序。该工序是保证汽车覆盖件尺寸的一道重要工序,修边线的确定是该工序的关键。

为了获得较为精确的修边位置,现在采用有限元一步法来展开翻边,获得修边线位置。图 4-26 所示为展开获得修边线位置的结果。

修边主要考虑以下几个问题:

1)考虑修边镶块的强度(图4-27)。

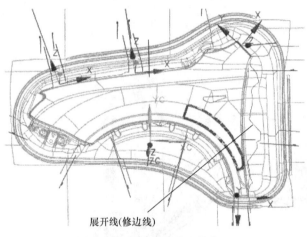

图 4-26 展开获得修边线位置　　　图 4-27 考虑修边镶块的强度

2)考虑修边的位置和角度。是采用垂直修边还是倾斜修边。

3)考虑废料分离和顺利滑出(图4-28)。

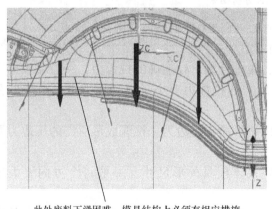
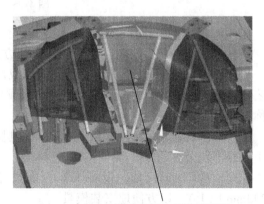

图 4-28 考虑废料分离和顺利滑出

（2）冲压设备选择　修边冲压设备采用单动压力机。选择压力机参数时，首先选择设备的台面尺寸。因为修边时所需的冲裁力相对不大，一般只要设备的台面尺寸能够满足安装修边模具的要求，设备的冲裁力就能满足修边要求，可以不进行冲裁力的计算。在水平或倾斜修边时，要把修边方向的行程换算成压力机滑块运动方向的行程，将其作为选择设备行程的依据。同时，设备的最大闭合高度要比模具高度大 10mm。

前翼子板修边设备选用单动压力机，公称力为 6000kN。

4. 汽车覆盖件前翼子板的翻边

（1）前翼子板翻边工序分析　翻边是在成形坯料的平面部分或曲面部分使坯料沿一定的曲线（翻边线）翻成竖立的边缘的冲压加工方法。用翻边方法可以加工形状较为复杂、具有良好刚度的空间形状。

在汽车覆盖件冲压工艺中，翻边工序是轮廓形状或立体形状成形的最后一道加工工序。翻边部分主要用于各覆盖件之间的连接，包括铆接、焊接等，有的翻边则是产品流线型外观或美观方面的要求。

前翼子板翻边工序主要要考虑以下几方面：

1）翻边工序不能影响已成形面的表面质量，确保变形区域在外观面以外。

2）翻边一般会有一定的回弹，需对型面做必要的补偿。

3）翻边完成后制件会卡在模具上，必须有相应的顶料装置，如安装气缸或翻边顶件器。

4）翻边的定位要可靠。

5）避免工作镶块相互干涉。

6）考虑镶块的退让和制件的顺利取出（图 4-29）。

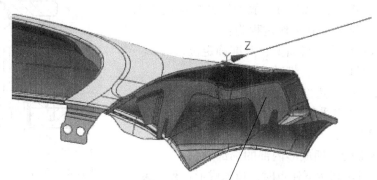

制件上的取出负角区域，模具采用旋转斜楔结构保证制件顺利取出

图 4-29　考虑镶块的退让和制件的顺利取出

（2）冲压设备选择　选择翻边冲压设备时，首先选择设备的台面尺寸。因为翻边时所需的翻边力相对不大，一般只要设备的台面尺寸能够满足安装模具的要求，设备的冲裁力就能满足翻边要求，可以不进行翻边力的计算。但在采用斜楔结构进行水平或倾斜翻边时，要把翻边方向的行程换算成压力机滑块运动方向的行程，将其作为选择设备行程的依据。同时，设备的最大闭合高度要比模具高度大 10mm。

前翼子板翻边设备选用单动压力机，公称力为 6000kN。

任务三　汽车覆盖件前翼子板拉深模设计

【教学目标】

通过本任务的学习，使学生能初步掌握汽车覆盖件前翼子板拉深模的设计方法。

【工作任务】

根据前面分析的汽车覆盖件前翼子板冲压工艺，了解汽车覆盖件前翼子板拉深工艺设计，掌握汽车覆盖件前翼子板拉深模的基本结构及工作原理。

一、相关理论知识

翼子板属于汽车外覆盖件，要经过拉深、修边、冲孔、整形、翻边等工序成形。翼子板拉深深度大，翻边复杂，在整车安装过程中对匹配精度要求高，对几何精度、强度、表面质量要求较高，所以在全套模具设计中拉深工序最为重要，也是最为关键的一道工序。在进行拉深工艺设计时，应遵循的设计原则有：一次拉深成形；工艺孔和工艺切口的设置；拉深件局部形状的修改；拉深工序中的冲孔；如何有利于后序加工等。

1. 拉深模常见典型结构

（1）单动拉深模　一些中小型覆盖件拉深时，所需要的压边力相对小一些，常采用单动拉深模。

1）单动拉深模的工作原理。如图4-30所示，汽车覆盖件单动拉深模的工作原理与一般冲压件拉深模的工作原理大体上是相同的，其工作过程为：

① 将坯料放在模具压料面上，并准确定位。

② 压力机上滑块下行，带动上模下行。

③ 上模和下模的压边部分首先与坯料接触，将坯料压住，使压边部分坯料受到的变形阻力增大。

④ 上模继续下行，开始拉深成形过程。

⑤ 在拉深成形的后期成形内部的局部形状。

⑥ 压力机上滑块到达下死点时，拉深成形过程结束。

⑦ 压力机上滑块回程，带动上模上行。

⑧ 顶出装置将拉深件顶出，取出拉深件。

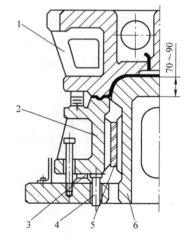

图4-30　单动压力机上拉深模
1—凹模　2—压边圈　3—调整垫
4—气顶杆　5—导板　6—凸模

2）单动拉深模的典型结构。汽车覆盖件拉深成形所采用的单动拉深模与一般冲压件所用的拉深模相比，主要是上、下模的导向方式有较大区别。常见的典型结构有导板导向拉深模（图4-30）、导块导向拉深模、箱式背靠块压边圈导向拉深模、箱式背靠块上下模导向拉深模等。

（2）双动拉深模

1）双动压力机拉深成形的优点。在拉深成形形状复杂的大型汽车覆盖件时，一般采用双动压力机，其原因主要有：

① 压边力大。双动压力机的外滑块的压（边）力为内滑块压力的 65%～70%，这对需要很大压边力的覆盖件拉深成形来说是非常重要的。如：E4F-1000 双动压力机，外滑块压力为 4000kN，行程为 660mm，内滑块压力为 6000kN，行程为 940mm。

② 压边力稳定。双动压力机是由外滑块提供压边力，拉深模的压边圈也是刚性的，可以产生较稳定的压边力，因而可以避免单动拉深模压边不稳定的缺陷。

③ 压边力的分布可调节。对于双动压力机，可通过调节螺母（或压边圈上的液压缸压力）来调节外滑块 4 个角的高低，使外滑块稍呈倾斜状态，以达到调节拉深模压料面上各部位压边力的目的，从而控制压料面上材料的流动。

④ 行程大。双动压力机比单动压力机的行程大，可拉深深度更大的拉深件。

2）双动拉深模的工作原理如图 4-31 所示。

① 将坯料放在凹模压料面上，并准确定位。

② 压力机外滑块首先向下运动至下死点，使压边圈将坯料压紧在凹模的压料面上，并在整个拉深成形过程中保持压边。

③ 在压力机外滑块压住坯料的同时，内滑块已带动凸模向下运动。

④ 内滑块带动凸模继续向下运动，并在压边圈压住坯料一个时间间隔后与坯料接触，开始拉深成形过程。

⑤ 内滑块到达下死点，将坯料拉深成凸模的形状，拉深成形过程结束。

⑥ 压力机内滑块先带动凸模上行，而外滑块不动，使压边圈停留一段时间，将拉深件由凸模上退下。

⑦ 外滑块开始回程，完成压边作用。

⑧ 由凹模内的顶出装置将拉深件顶出。在较小批量生产时，凹模内可以不使用顶出装置，而由人工将拉深件从凹模中取出。

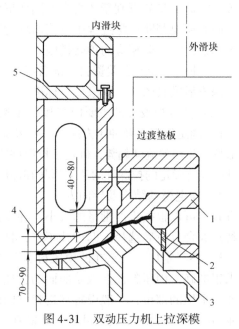

图 4-31 双动压力机上拉深模
1—压边圈 2—导板 3—凹模 4—凸模 5—固定座

3）双动拉深模的典型结构。根据导向方式的不同，双动拉深模主要有凸模与压边圈导向的双动拉深模、凹模与压边圈导向的双动拉深模、凸模与压边圈和凹模都导向的双动拉深模等。

2. 汽车覆盖件拉深模设计

汽车覆盖件拉深模的设计是一项难度很大的工作，是实现覆盖件质量要求和工艺要求的关键。可以说，模具设计的质量高低，是汽车覆盖件冲压成形技术水平的重要标志之一，直接影响模具的制造成本、模具调试的工作量、生产准备周期，甚至影响车身的开发能力。

（1）拉深模设计前的准备工作

1）阅读有关资料。在进行拉深模设计之前，必须阅读以下资料：

① 覆盖件零件图和拉深件图样。覆盖件零件图是所有工序生产的总纲领。在设计拉深模之前，要认真仔细阅读覆盖件零件图，充分理解产品设计思想、零件的各项功能和技术质

量要求,并分析拉深时哪些因素会对零件质量产生不良影响。

认真阅读拉深件图样,充分理解拉深件的设计思想、工艺补充、压料面设计的目的和要预防的问题是什么,在拉深成形条件方面还存在哪些不足,以便确定在拉深模设计时应采取哪些措施来弥补。

② 冲压工艺文件。认真研究冲压工艺文件,明确对拉深件的要求、拉深成形对以后各道工序的影响,这对拉深模设计是非常重要的。

2)拉深变形分析和质量问题分析。针对拉深件的结构特点,进行拉深成形时坯料的贴模过程分析和变形分析,分析判断坯料各部位的变形性质、变形状态、变形分布及变形量大小等,并进一步分析判断坯料在不同变形状态出现的破裂、起皱、面畸变以及刚度等质量问题。同时还要判断拉深过程中可能出现的划伤、冲击线等问题。然后,依据这些分析和判断在模具设计时采取相应的预防措施。

3)冲模设计的有关资料。准备好进行拉深模设计所需的各种参考资料,如类似拉深件的拉深成形模具图样、国家模具标准、行业模具标准及企业标准等。

(2)拉深模设计的主要内容和设计要点

1)确定压料面及冲压方向。一般来说,在设计拉深件图样时,已充分考虑了拉深成形的变形特点和坯料流动趋势,确定了拉深件的形状和冲压方向。在进行拉深模设计时,要根据拉深件图样所确定的拉深件的法兰形状和冲压方向来考虑拉深模的压料面形状和冲压方向。

2)确定模具结构及导向方式。在汽车覆盖件冲压生产中,采用哪种形式的拉深模和导向方式,可以根据生产批量的大小、冲压件成形的难易程度,对比单动拉深和双动拉深各自的特点综合分析后选择。但近几年来,日本和西欧各国有多采用单动拉深的趋势。

3)坯料定位。坯料在凹模压料面上的定位一般采用螺纹定位销(图4-32),其位置不要求很准确。因压料面多数是曲面的,坯料也随之呈曲面状态,定位销的位置应设置在压料面比较平坦的部位,一般设置在送料方向的前面和左右面。定位销可根据坯料尺寸大小,设置4~6个。因为坯料的尺寸和形状需在拉深模调整时确定,所以在模具图样上只需示意绘制定位方式及注写"根据坯料的形状配钻"的说明。

4)确定拉深筋的形式及布置。拉深筋的形式及布置对拉深成形具有重要影响。要根据拉深件的结构特点及相应的坯料变形的流动特点来确定拉深筋的形式和布置,使其可以有效地控制坯料的变形与流动,达到冲压成形的要求。

在设置拉深筋时,凹模压料面上的拉深筋槽可以适当加深,但必须保证槽宽尺寸,并注意保证圆角半径 R 的大小。在布置重筋时,要注意拉深筋的高度应该从里往外逐个降低,即 $H_1 < H_2 < H_3$,如图4-33所示。

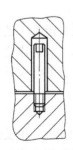

图4-32 螺纹定位销

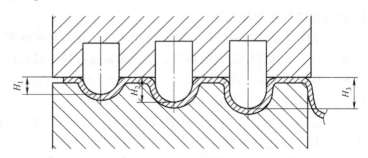

图4-33 重筋的高度布置

5）确定凸模、凹模圆角等参数。由于汽车覆盖件是一次拉深成形，故一般情况下拉深凸模的形状、尺寸、圆角大小都要与拉深件相应部位的参数一样。但在利用其他措施都不能解决拉深成形时的质量问题时，可以对凸模的局部圆角进行一定的放大，且必须在以后工序中对该部位通过校形达到制件尺寸要求。

在设计拉深模时，一般把凹模的圆角设计成略小于拉深件上相应部位的圆角。因为在拉深模调试过程中对凹模圆角进行修磨时，由小圆角修成较大的圆角比较方便、经济。如果设计成较大的圆角，若需将凹模圆角由大变小，则需要对凹模进行堆焊修补，修模工作量大，也不经济。

6）确定局部成形部分的模具参数。拉深件内部有局部成形形状时，要对这些部位的坯料变形量进行必要的计算。当变形量过大，会产生破裂时，要适当加大相关的模具圆角，并在以后的工序中进行校正。当这些部位的变形分布不均匀，会引起面畸变甚至起皱时，也要通过修正模具参数等措施进行预防。

7）通气孔。利用双动拉深模拉深时，压边圈首先行至下死点，将坯料压紧在凹模压料面上，然后停在下死点不动。当凸模下行进行拉深时，坯料下面的凹模型腔内的空气逐渐被压缩。在凸模开始回程而压边圈还压住拉深件的时间里，拉深件受到被压缩的空气的反压力，使拉深件产生变形甚至出现凹坑。为此，必须在凹模型腔内的非工作部分钻通气孔，并考虑要能顺利地排出空气。

压边圈压住坯料后，坯料有时会向凹模型腔内产生一定程度的凹陷，使凸模下行拉深时在凸模与坯料之间存在一定的空气。这些空气在拉深成形过程中被压缩，当凸模到达下死点时坯料不能与凸模完全贴合，拉深件的形状就不能与凸模一致。所以，必须在凸模上合适的部位开通气孔，使这些空气能排到模具外面。

拉深过程完成后，凸模首先上行，而压边圈停留一段时间，在此时间内，从凸模上退下拉深件。此时空气必须能进入拉深件和凸模之间，否则在凸模与拉深件之间形成真空，使拉深件紧贴凸模表面，随着凸模向上运动，拉深件可能沿其轮廓向上鼓起。因此，为了顺利退件，也需要在凸模上开通气孔。

通气孔的位置、数量及直径大小，可根据拉深件形状设计，以能顺利地排气而又不破坏拉深件表面为宜。一般情况下，通气孔孔径为 $10\sim20mm$。如果凸模因结构需要在表面上钻出通气孔，其直径应不大于 $6mm$，并应均匀分布。

8）拉深件出模方式。拉深结束后，拉深件被留在凹模内，取出制件的方法应根据拉深件的形状特点和生产批量等来确定。对于没有直壁、底部是平缓曲面的浅拉深件，且生产批量不是很大时，可以不在凹模内设专门的顶出装置，拉深成形结束后，由人工将拉深件取出。对于带有一定高度直壁的深拉深件及大批量生产时，应在凹模内设置弹簧顶出器等顶出装置，将制件顶起一定高度，以便于操作者取件或机械手取件。

在凹模压料面的适当位置，可以设置一组杠杆撬起装置以便于出件。这种装置结构简单、操作方便，不仅在中小批量生产中多被采用，在大批量生产中也常采用。

气动出件装置是由设置在凹模内的气缸通过托板将制件从凹模中托出，再由机械手或操作者将制件取走。这种方式操作方便、安全可靠，还可减轻劳动强度。但这种装置较复杂，制造费用高，所以只有在大批量生产中采用。

二、相关实践知识

1. 汽车覆盖件前翼子板拉深模设计思路

前翼子板采用单动拉深，拉深模结构如图 4-34 所示。操作方式采用轮廓定位，自动送料和取件，利用压边圈将制件托起。模具基本动作是：压力机滑块向下运行，先将坯料压紧在压边圈上，其中压力可通过压力机下面的气垫调节。当压力机滑块继续下行时，压边圈和坯料随凹模一起向下运动，这时凸模对坯料进行拉深。拉深结束后，压力机滑块向上运动，压边圈将拉深件从凸模上脱出。

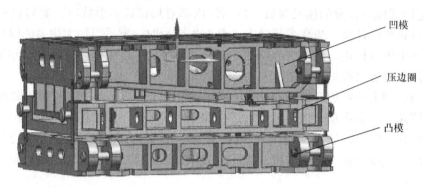

图 4-34　单动拉深模结构

2. 拉深模材料选用

拉深模的材料是指凸模、凹模和压边圈的材料，特别是凹模和压边圈的材料。凸模、凹模和压边圈的尺寸大且形状复杂，因此只能采用铸件。在使用上要求耐磨和不拉毛，在制造上要求易加工，并能够局部表面火焰淬火、空冷。前翼子板拉深模材料选用见表 4-1。

表 4-1　前翼子板拉深模材料选用

模具零件	材料	备注
上模本体	铸铁件	铬钼铸铁
吊耳铸入管	标准件	
下模本体	铸铁件	HT300
吊耳铸入管	标准件	
凸模	铸铁件	铬钼铸铁
铸入式螺孔套	标准件	
压边圈	铸铁件	铬钼铸铁
铸入式起重棒	标准件	

3. 拉深模主要结构设计

（1）凸模设计　为了便于加工，凸模采用分体式结构，如图 4-35 所示。工作部分需设计有起吊螺孔。

（2）导向装置的设计　导向装置的设计如图 4-36 所示，采用上、下模分别与压边圈导向的方式。采用滑板式导向，以保证足够的反侧力。

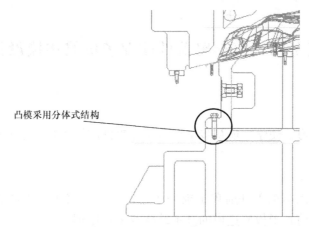

图 4-35　凸模采用分体式结构

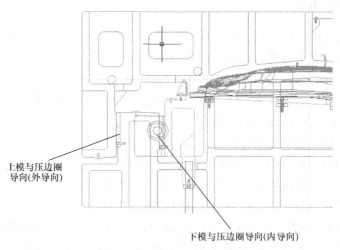

图 4-36　导向装置的设计

(3) 气垫顶杆的布置　凸模上的气垫顶杆孔及顶出高度必须和指定压力机一致。气垫顶杆布置图如图 4-37 所示。

(4) 拉深模的排气　在拉深的过程中，型腔内会形成封闭空间，需要在模具上开设一定数量的通气孔，如图 4-38 所示。

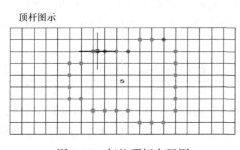

图 4-37　气垫顶杆布置图

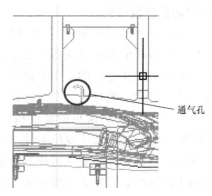

图 4-38　凹模上的通气孔设计

任务四　汽车覆盖件前翼子板修边模设计

【教学目标】

通过本任务的学习，使学生能初步掌握汽车覆盖件前翼子板修边模的设计方法。

【工作任务】

根据前面分析的汽车覆盖件前翼子板冲压工艺，了解汽车覆盖件前翼子板修边工艺设计，掌握汽车覆盖件前翼子板修边模的基本结构及工作原理。

一、相关理论知识

汽车覆盖件的结构形状不同，修边线的空间形状不同及修边部位不同，使得修边方向也不同，常用的修边模有垂直修边模和斜楔修边模2大类。

由于汽车覆盖件的修边轮廓多是立体不规则形状，所以修边刃口不能设计在一个平面上，而是由许多块刃口镶块（或称为镶件）组成修边刃口。这种结构可以大大减少模具刃口的制造工作量，减少刃口材料的消耗，降低模具制造成本。

修边模可以根据修边刃口镶件的运动方向进行分类。

1）修边镶件的运动方向与压力机滑块的运动方向一致，做垂直方向的运动，这类修边模称为垂直修边模。垂直修边模是修边模中最简单的一种，也是应用最多的一种。在进行冲压工艺设计和冲模设计时，应优先考虑选择垂直修边方式。

2）修边镶件做水平方向运动或倾斜方向运动的修边模。因为这种修边模需由斜楔机构来实现从压力机滑块的垂直方向向倾斜或水平修边方向的运动方向转换，故称为斜楔修边模。由于压力机滑块的垂直运动经斜楔传给装有修边镶件的斜楔滑块，因此，其模具结构较复杂，冲模工作零件占有的面积增大，从而使模具整体尺寸增大。

3）一些修边镶件做垂直方向运动，而另一些修边镶件做水平或倾斜方向运动的修边模，称为垂直斜楔修边模。这种修边模的结构较复杂，必须慎重处理废料的分块及垂直方向运动和水平方向或倾斜方向运动的修边镶件的交接。

1. 修边模典型结构

（1）斜楔机构　冲压加工一般为垂直方向，即滑块带动上模做垂直方向的运动，完成加工动作。当制件的加工方向必须是水平或倾斜方向时，就需要采用斜楔机构把滑块的垂直运动转换成模具工作零件的水平方向或倾斜方向的运动。在汽车覆盖件冲压工艺中，斜楔模常用于修边、翻边、切口、弯曲、冲孔等工序。

图4-39所示为一种常见的斜楔机构。它主要由斜楔传动器（简称斜楔）3、斜楔滑块（简称滑块）2、防磨板1、复位组件（4、5、6、7、8、9、10、11）组成。当斜楔3随上模向下运动时，与滑块2接触并迫使其沿水平方向向左运动，完成水平方向的加工动作；当斜楔回程向上运动时，滑块2在螺栓4、弹簧6等复位组件的作用下沿水平方向向右运动，复位到原来的状态。

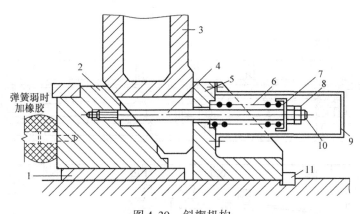

图 4-39 斜楔机构
1—防磨板 2—斜楔滑块 3—斜楔传动器 4—螺栓 5—后挡块
6—弹簧 7—弹簧座 8—双螺母 9—外罩 10—开口销 11—键

一般来说，根据滑块的运动方向可将斜楔机构分为 3 种。滑块做水平方向运动的称为水平运动斜楔机构，适用的加工角度为 80°~100°，即加工方向为水平方向向上倾斜 10°和向下倾斜 10°的范围；滑块做向下倾斜运动的称为正向倾斜斜楔机构（一般加工角度小于 80°）；滑块做向上倾斜运动的称为反向倾斜斜楔机构（一般加工角度为 100°~105°）。

（2）修边模典型结构示例　修边镶件的运动方向与压力机滑块的运动方向一致，做垂直方向的运动，这类修边模称为垂直修边模。图 4-40 所示为一种垂直修边模的典型结构。

2. 修边模设计

（1）修边模设计前的准备工作

1）必须阅读的有关资料。

① 覆盖件零件图。覆盖件零件图是所有工序生产的总纲领。在设计修边模之前，要认真仔细阅读覆盖件零件图，充分理解产品设计思想、零件的各项功能和技术质量要求，并分析修边的哪些因素会对产品质量产生不良影响。

② 冲压工艺文件。认真研究冲压工艺文件，要明确修边工序的修边部位、修边质量要求、该工序中的整形、翻边或冲孔其他加工内容及要求，以及修边工序与前、后各道工序之间的关系等。同时还要研究工艺设计时初步确定的修边方式、修边方向等内容，以及这些设计在模具中实现的可能性和可行性措施，这对修边模设计是非常重要的。

2）修边质量问题分析。在进行修边模设计前，要根据修边线的空间形状特点对修边时可能产生的质量问题进行分析，并制订在模具结构、修边方式、修边刃口等方面的措施。

3）冲模设计的有关资料。准备好进行修边模设计所需的各种参考资料，如类似工件的修边模具图样、国家模具标准、行业模具标准及企业标准等。

（2）修边模设计的主要内容与设计要点

1）确定修边方式与修边方向。在冲压工艺设计时，初步确定了修边方式与修边方向，但对实现这种修边方式和修边方向的具体模具结构没有进行较详细的考虑。因此，在进行修边模设计时，首先要讨论这种修边方式的合理性，是否还存在不合理的情况，修边方向是否能保证修边件的质量要求。进行综合性分析后，确定修边方式与修边方向。

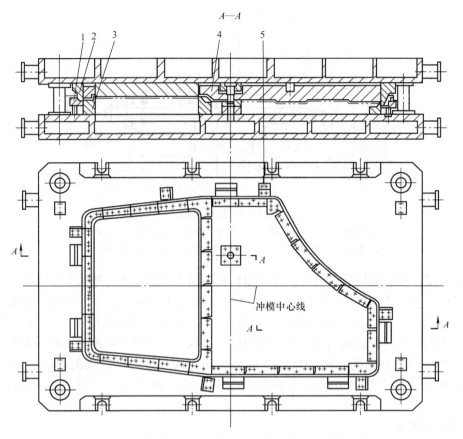

图4-40 汽车车门左、右外板修边冲孔模（垂直修边模）
1—定位板 2—修边凹模镶件 3—凸凹模镶件 4—卸料板 5—废料刀

2）确定修边模结构。根据所确定的修边方式和修边方向，以及生产批量大小，确定所要采用的模具结构型式。

3）拉深件在修边模中的定位。选择拉深件在修边模中的定位方式时，要充分考虑拉深件的结构和形状特点、修边线的形状和位置、覆盖件冲压加工的基准等。选择定位最可靠、不影响模具结构安排、能保证修边质量的定位方式。

4）斜楔机构设计。在汽车覆盖件修边模中斜楔模占大多数，斜楔机构的合理结构、灵活动作是保证修边质量的基本要求。在此前提下，所选择的斜楔传动器的斜楔角、滑块尺寸、滑块行程等参数要尽量使斜楔机构紧凑，以缩小模具整体尺寸。

5）确定修边刃口轮廓（图4-41）。在确定修边刃口轮廓时，要考虑后面翻边工序的变形。当曲线或曲面的翻边高度不大，可以翻边成形时，修边轮廓可以由连续圆滑曲线组成；当翻边高度较大，加工会出现起皱、破裂等质量问题而不能成形时，则需要在修边轮廓合适的部位进行切口。

6）确定刃口镶件形状、尺寸及布置方式。根据修边线的空间形状，确定刃口镶件的形状、尺寸及布置方式。

7）确定废料刀类型（图4-42）。根据修边废料的形状和尺寸，按废料分块原则进行废料分块，并在相应的位置布置废料刀。

8) 确定废料处理方式。根据修边废料的具体情况确定废料处理方式。

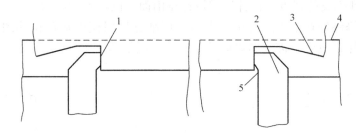

图 4-41 垂直刃口配置

1—垂直壁 2—废料刀 3—上模（凹模）剪切刃口 4—下模（凸模）剪切刃口 5—后角（让料）

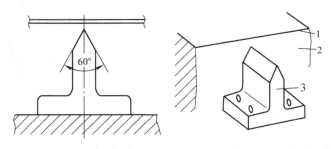

图 4-42 人字形废料刀

1—剪切刃口 2—凸模 3—废料刀

二、相关实践知识

1. 汽车覆盖件前翼子板修边模设计思路

汽车覆盖件的形状比较复杂，修边轮廓多数是立体不规则的，而且孔与形状混合，尺寸变化比较大。修边模的结构是否合理，直接影响修边件的质量，也影响翻边件的质量及稳定性。在设计修边模时，要考虑修边方向、定位方式、修边刃口的镶件分块、废料的分块与排除等诸多问题。用 CAD 软件设计的修边冲孔模三维设计图如图 4-43 所示。

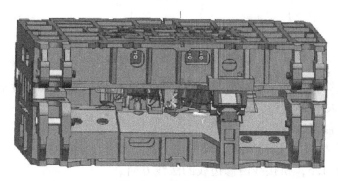

图 4-43 修边冲孔模

2. 刃口镶件结构

（1）采用镶件拼装结构（图 4-44） 采用镶件拼装结构时，下模中的镶件可以大一点，上模中的镶件必须确保每块镶件不重于12kg，以便于安装。每块镶件对应刃口下面必须有到底的筋，以保证模具的强度。镶件还需设计靠山面，以抵消侧向力。

（2）保证侧修镶件在运动过程中不干涉　仔细分析斜楔的运动位移图，确保斜楔不与其他部件（如镶件）发生干涉。斜楔运动位移分解图如图4-45所示。

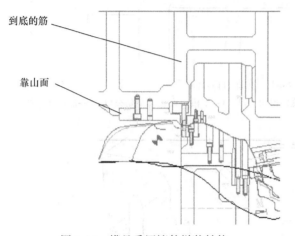

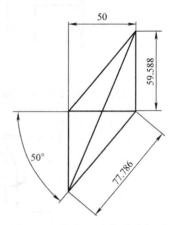

图4-44　模具采用镶件拼装结构　　　　图4-45　斜楔运动位移分解图

（3）保证制件能顺利取出　为保证制件不卡在模具上，可在模具的适当位置加设顶出气缸，如图4-46所示，手工或机械手取出制件并投入到下一工位。

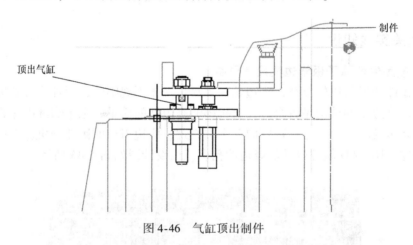

图4-46　气缸顶出制件

（4）废料可以顺利滑出　废料下滑通道必须畅通，通道宽度和高度必须大于废料的最大尺寸，下滑角度大于25°。

（5）镶件形状合理

1）分块要提高材料利用率。

2）宽高比大于1.5，拼接线沿修边线的法线方向。

3）修边和冲孔镶件要有足够的强度。

修边模中镶件的布置如图4-47和图4-48所示。

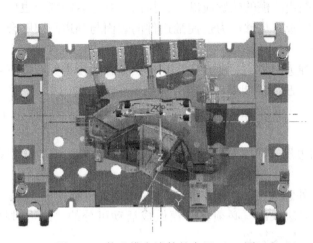

图 4-47　修边模中镶件的布置（3D 图）

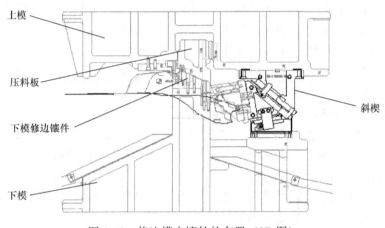

图 4-48　修边模中镶件的布置（2D 图）

任务五　汽车覆盖件前翼子板翻边模设计

【教学目标】

通过本任务的学习，使学生能初步掌握汽车覆盖件前翼子板翻边模的设计方法。

【工作任务】

根据前面分析的汽车覆盖件前翼子板冲压工艺，了解汽车覆盖件前翼子板翻边工艺设计，掌握汽车覆盖件前翼子板翻边模的基本结构及工作原理。

一、相关理论知识

翻边模是汽车覆盖件冲压的关键工序之一。覆盖件上的翻边除用作焊接和装配的结构以外，还可增加覆盖件的刚性，使覆盖件边缘光滑、整齐和美观。由于覆盖件轮廓有装配要求，因此要求覆盖件翻边凸模的轮廓应准确，拉深件翻边后的变形也应在翻边模中调整，这就需要在翻边前使压料板有足够压力迫使翻边件的表面与翻边凸模贴合。

1. 翻边模的分类

根据翻边凸模或翻边凹模的运动方向及其特点，翻边模主要有以下几类。

(1) 垂直翻边模　凸模或凹模做垂直方向运动，其结构简单。

(2) 斜楔翻边模　凹模单面向内做水平或倾斜方向运动，翻边后制件能够取出，凸模是整体的。

(3) 斜楔扩张翻边模　凹模对称的两面向外做水平或倾斜方向运动，翻边后制件可以取出。

(4) 斜楔两面向外翻边模　翻边凹模对称的两面向外做水平或倾斜方向运动，翻边之后制件包在凸模上，无法取出，必须将凸模做成活动可分的，翻边时将凸模扩张成翻边形状。这类翻边模的结构比较复杂。

(5) 斜楔周围扩张翻边模　翻边凹模三面或封闭向内做水平或倾斜方向运动，翻边以后翻边件是包在翻边凸模上的，无法取出，因此必须将翻边凸模做成活动的，扩张成翻边轮廓。这种翻边模的特点是角上的一块翻边凸模靠斜面挤出。

(6) 内外全扩张翻边模　覆盖件窗口封闭向外翻边，翻边后制件包在凸模上，无法取出，必须将凸模做成活动可分的，翻边时缩小成翻边形状。翻边凹模是扩张向外翻边的，特点是角上的一块翻边凹模靠斜面挤出。

2. 翻边模的典型结构

(1) 翻边凸模扩张结构　覆盖件向内的翻边一般都是沿着覆盖件轮廓成形的，翻边加工结束后翻边件包在凸模上，无法取出，必须将翻边凸模做成活动可分的。在压力机滑块行程向下翻边以前，利用斜楔的作用将收缩的翻边凸模扩张成翻边形状后即停止不动，在压力机滑块行程继续向下时翻边凹模进行翻边。翻边以后凹模在弹簧的作用下回程，然后翻边凸模靠弹簧的作用返回原位，最后取出制件。

翻边凸模的扩张行程以能取出翻边制件为准，这种结构称为翻边凸模扩张结构，俗称翻边凸模开花结构。

(2) 修边件翻边时的定位　汽车覆盖件翻边成形时，修边件多数是水平放置的。

对于垂直方向的翻边，通常将修边件开口朝上放在翻边模上，向上翻边。这样可以用气垫压料，而且定位较方便。

对于水平或倾斜方向的翻边，修边件通常是开口朝下放在翻边模上，这样在翻边模上容易布置斜楔机构。

在垂直翻边模中，通常利用修边件的侧壁、外形或本身的孔定位。

在斜楔翻边模中，通常是以修边件的内侧壁初定位，然后靠压料板将修边件压紧在翻边凸模上（终定位）后，再进行翻边。如果修边件上本身有孔，则可用孔定位，如图 4-49 所示。

如果形状比较平坦的修边件放在翻边凸模上

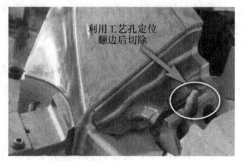

图 4-49　修边件翻边时用孔定位

定位不准时,可在修边件的外形用图 4-50 所示的弹簧挡料销增加辅助定位。

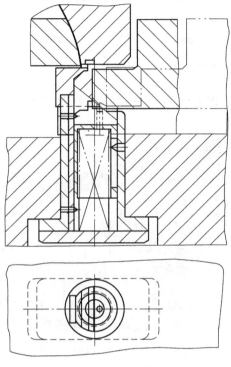

图 4-50　外形定位用弹簧挡料销

(3) 翻边模的导向　根据翻边过程中翻边力的大小和侧向力的大小,翻边模可选择导柱导套导向、导板导向、导块导向等多种导向方式。

当修边件不太大、侧向力较小时,可选用 2 个或 4 个导柱导套导向,结构简单,制造方便。

若翻边时的侧向力较大,选用导块导向或背靠块导向,还可辅以导柱导向。

(4) 翻边模的出件　制件翻边后包在凸模上,退料时需推动翻起的竖边,因此必须各处同时推,否则会造成退料后制件变形。当制件厚度较小时,还需要在凸模上增加顶出装置,如图 4-51 和图 4-52 所示。

图 4-51　翻边模顶出装置

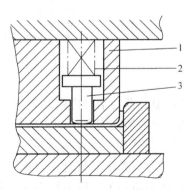

图 4-52　装在凸模内的推件装置
1—凸模　2—弹簧　3—打料器

用斜楔模进行翻边时，若翻边件形成向内包容的空间形状（图4-53），必须考虑制件从模具中取出的问题，这时在模具上要设计出退件机构，如图4-54所示。

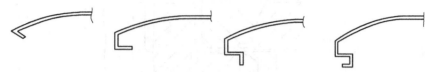

图4-53　斜楔翻边模加工的翻边件举例

图4-54　斜楔翻边模退件机构

在斜楔模中常用的退件机构有：

1）用气缸直接做退件器（图4-55）。

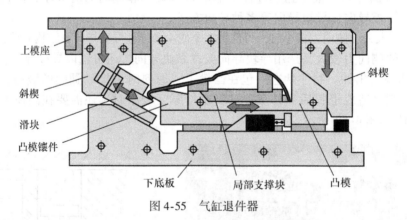

图4-55　气缸退件器

2）退件器与活动定位装置连接在气缸上，退出制件（图4-56）。

3）退件器固定在活动定位装置上，推出制件（图4-57）；使用双斜楔进行退件。

（5）翻边模典型结构示例　图4-58所示是一种向下倾斜运动进行单面翻边的斜楔翻边模。当压力机滑块下行时，斜楔传动器10向下运动推动斜楔滑块19做向下倾斜方向的运动，完成翻边加工。压力机滑块回程后，由复位弹簧5和辅助弹簧20使斜楔滑块19回到初始状态。手工将翻边件向前上方推出，从翻边凹模镶件上退下来，最后取出。

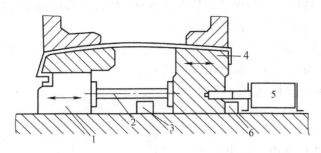

图 4-56　退件器与活动定位装置连接在气缸上退件

1—退件器　2—连接器　3—衬垫
4—活动定位装置　5—气缸　6—限位器

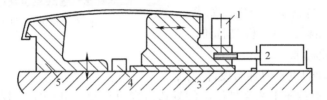

图 4-57　退件器固定在活动定位装置上退件

1—退件器　2—气缸　3—防磨板
4—限位器　5—凹模

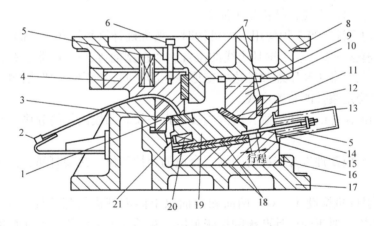

图 4-58　向下倾斜运动斜楔翻边模

1—凹模（工具钢嵌入）　2—定位装置　3—凸模（工具钢嵌入）　4—压料器　5—复位弹簧
6—定位螺栓　7、18—导板（防磨板）　8—上模座　9—键　10—斜楔传动器　11—后挡块
12—传动板（防磨板）　13—弹簧罩　14—双头螺栓　15—停止器
16—垫板　17—下模座　19—斜楔滑块　20—辅助弹簧　21—弹性圆柱销

3. 翻边模设计

（1）翻边模设计前的准备工作

1）必须阅读的有关资料。

① 覆盖件零件图。覆盖件零件图是所有工序生产的总纲领。在设计翻边模之前，要认

真仔细阅读覆盖件零件图，充分理解产品设计思想、零件的各项功能和技术质量要求，并分析翻边的哪些因素会对零件质量产生不良影响。

② 冲压工艺文件。认真研究冲压工艺文件，明确翻边的部位，翻边方向，翻边与前、后各道工序之间的关系等，这对翻边模设计是非常重要的。

2) 翻边质量问题分析（图4-59）。在进行翻边模设计前，要根据翻边线的空间形状特点对翻边时可能会产生的质量问题进行分析，并在模具结构、翻边方式、翻边镶件端面轮廓形状等方面制订相应的措施。

3) 冲模设计的有关资料。准备好进行翻边模设计所需的各种参考资料，如类似工件的翻边模具图样、国家模具标准、行业模具标准及企业标准等。

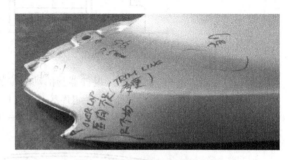

图4-59 翻边质量问题分析

(2) 翻边模设计的主要内容与设计要点

1) 翻边方向。对冲压工艺文件给出的翻边方向进行审核并确定。翻边方向要能保证翻边加工的顺利进行，能保证翻边件的质量要求。

2) 翻边模结构。根据翻边部位和翻边方向，确定修边件在翻边模中的摆放位置和修边件的定位方式，然后确定翻边模结构。合理的翻边模结构要使各翻边部位的加工能顺利进行而不发生干涉，且出件方便，结构尽量简单。

3) 斜楔机构设计。当必须使用斜楔机构时，要准确计算斜楔和滑块的行程。

4) 翻边凹模镶件设计。根据翻边线的位置、所在型面等，确定翻边变形性质和变形程度，然后根据伸长类翻边和压缩类翻边的变形性质的不同，确定翻边凹模镶件前端面的曲面形状，同时还要确定镶件的布置形式。

根据翻边凹模镶件的分块原则，沿翻边线进行凸模和凹模镶件的分块，并设计各镶件的形状和尺寸。

在需要翻边凹模镶件进行交接时，确定合适的交接部位、交接时间、交接量及相应镶件的形状等。

5) 翻边件退件机构设计。对于两面和两面以上向内翻边的翻边件，要考虑退件机构。对于凸模扩张结构，要正确设计凸模的扩张范围、初始和最终位置，保证翻边件能顺利地从翻边凸模上取下来，使工人操作简单、取件方便，同时降低劳动强度。

二、相关实践知识

1. 翻边结构设计

翻边是在成形坯料的平面部分或曲面部分使坯料沿一定的曲线翻成竖立的边缘，使之成为带有凸缘形制件的冲压成形方法。需要注意的是翻边完成后制件会卡在模具上，所以要在适当的位置布置翻边顶件器。翻边顶件器的布置要平衡，避免在顶出的过程中损伤制件。前翼子板翻边模如图4-60所示，其翻边顶件器布置如图4-61所示。

同样值得注意的是正翻边与侧翻边的交接。一般设计是正翻边镶件先移动，然后斜楔镶件移动，这样可以节省斜楔行程，这就需要在垂直翻边镶件上的相应位置做空位处理，以避免干涉，如图4-62所示。

2. 扩张斜楔侧翻边结构

侧翻边模结构如图4-63所示。侧翻边模的工作原理为：随着上模向下移动，上驱动块推动活动翻边镶件到工作位置，然后侧翻边镶件在斜楔的驱动下完成翻边；随后上模向上运动，侧翻边

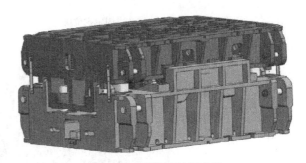

图4-60　前翼子板翻边模

镶件退回初始位置，然后在复位氮气缸的推动下活动翻边镶件回到初始位置，让开负角区域，气缸带动顶件装置顶出制件。

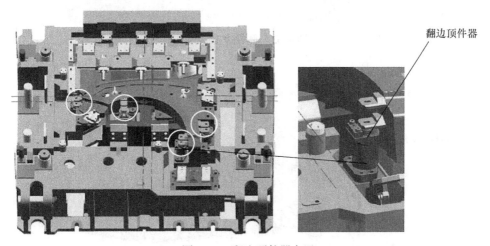

图4-61　翻边顶件器布置

3. 旋转斜楔侧翻边结构

图4-64中的带旋转斜楔的侧翻边冲孔模采用了3个旋转斜楔结构，如图4-65所示。

旋转斜楔的结构如图4-66所示。旋转斜楔的工作原理为：随着上模向下移动，上驱动块推动活动旋转斜锲转到工作位置，然后侧翻边镶件在斜楔的驱动下完成翻边；随后上模向上运动，侧翻边镶件退回初始位置，然后在复位氮气缸的推动下旋转斜楔转回到初始位置，让开负角区域，气缸带动顶件装置顶出制件。旋转斜楔具

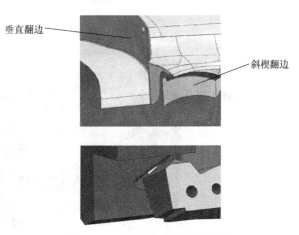

图4-62　正翻边与侧翻边的交接

有空间小、布置灵活、结构紧凑等优点，难点是设计加工较复杂。

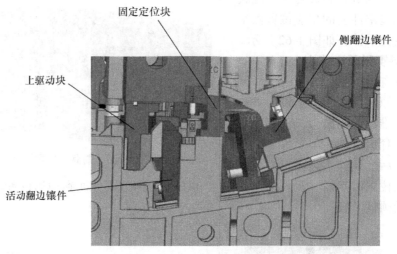

图 4-63　侧翻边模结构

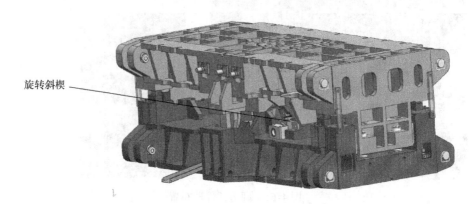

图 4-64　带旋转斜楔的侧翻边冲孔模

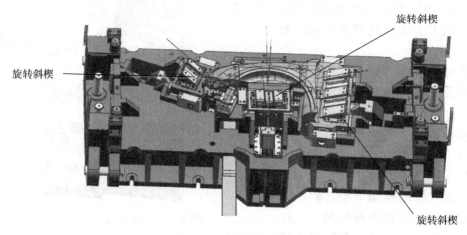

图 4-65　旋转斜楔布置

项目四 汽车覆盖件前翼子板冲模设计

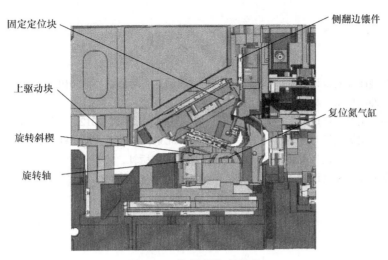

图 4-66 旋转斜楔的结构

参 考 文 献

[1] 崔柏伟. 典型冷冲模设计 [M]. 2版. 大连：大连理工大学出版社，2019.
[2] 翁其金. 冷冲压技术 [M]. 2版. 北京：机械工业出版社，2011.
[3] 陈炎嗣. 多工位级进模设计手册 [M]. 北京：化学工业出版社，2012.
[4] 段来根. 多工位级进模与冲压自动化 [M]. 3版. 北京：机械工业出版社，2017.
[5] 姜奎华. 冲压工艺与模具设计 [M]. 北京：机械工业出版社，1997.
[6] 胡平. 汽车覆盖件模具设计 [M]. 北京：机械工业出版社，2012.